报人時代

张季鸾与《大公报》

王润泽◎著

中华书局

图书在版编目(CIP)数据

张季鸾与《大公报》/ 王润泽著. —北京：中华书局,2008.8
(报人时代)
ISBN 978 – 7 – 101 – 05711 – 9

Ⅰ. 张… Ⅱ. 王… Ⅲ.①张季鸾—生平事迹②大公报—史料 Ⅳ.K825.42 G219.296

中国版本图书馆 CIP 数据核字(2007)第 078854 号

书　　名	张季鸾 与《大公报》
著　　者	王润泽
丛 书 名	报人时代
责任编辑	刘树林
出版发行	中华书局
	(北京市丰台区太平桥西里 38 号　100073)
	http://www.zhbc.com.cn
	E – mail：zhbc@zhbc.com.cn
印　　刷	北京未来科学技术研究所有限责任公司印刷厂
版　　次	2008 年 8 月北京第 1 版
	2008 年 8 月北京第 1 次印刷
规　　格	开本/630×960 毫米　1/16
	印张 14¾　插页 2　字数 150 千字
印　　数	1 – 6000 册
国际书号	ISBN 978 – 7 – 101 – 05711 – 9
定　　价	26.00 元

目录

引言：民国十五年（1926）

　　1926 年，即民国十五年，是中国历史的转折之年，对于张季鸾来说，也是他人生的转折之年，是他人生和新闻从业经历迈向顶峰的开始；这一年对于中国的新闻业来说，也是于逆境中走向独立、成熟的开始，是中国现代新闻业的肇始之年。

军事政治环境：风云际会、五味杂陈

　　民国十五年，公元 1926 年，丙寅（虎）年。

　　该年中国大陆虽名义上统一，有代表中央的北洋军阀政府，但实际上该政府在袁世凯死后，就处于分崩离析的混乱之中，各派军阀割据和混战已达十年之久，此刻也到了决战的关键时期。交战的主要双方是南方国民党控制的广东革命政府和北方段祺瑞等北洋军阀掌控的北京政府，这是当时中国政治军事矛盾的主要方面。南方国民党虽与共产党处于合作阶段，但分共、反共势力活跃，同时内部也并不团结；而北洋军阀内部的其他大小军阀并没有和北京政府保持一致，他们或支持一方，或持观望态度，希望在关键时刻得渔翁之利，这种矛盾形成当时中国社会矛盾的次要方面。

要理清当时中国纷乱的政治局面,还要从北洋军阀的起源和内部派别说起。

北洋军阀的历史,可以追溯到清朝末年清政府摹仿德国和日本的军制,编练新式陆军,以维持其统治开始。到清王朝覆灭时,京城所在的直隶省组建成六个镇完整的新军,被称为北洋陆军。直隶总督袁世凯为其创建人。辛亥革命时期,他依靠这支武装,一方面和革命军谈判和平,一方面逼迫清帝逊位,并为自己谋得"大总统"职位,继而当上"皇帝"。袁死后,该军中的军官(已被称为北洋军阀)逐渐分裂成以直隶人冯国璋为首的直系(冯死后,首领为曹锟和吴佩孚),以安徽人段祺瑞为首的皖系。此外,以奉天人张作霖为首的一派被称作奉系。最初当政的皖系段祺瑞听信其亲信徐树铮的意见,希望借武力统一中国,但1920年与直系一战被打得大败,段被迫下台;而上台的直系同样迷信武力统一中国,于是军阀间不断混战。直到1924年第二次直奉战争后,皖系的残余势力几乎被消灭,直系又分裂为吴佩孚、孙传芳和国民军三派,加上奉系,形成四大对峙势力。在北伐前夕,这四派势力各自在外国靠山的支持下,进行着复杂多端、变化无常的争斗。

北方军阀中也有倾向革命的成分。从直系分裂出来的国民军共有三支,冯玉祥部为第一军的主力,素以会练兵善征战闻名,其野心和能力受直系军阀首领吴佩孚猜忌,受到压制;第二军和第三军的首领本身就是国民党人。这三支不满直系现状的实力派,组成国民联军,和奉系军阀联合,在前线倒戈反直,推翻曹、吴势力在中央的统治,国、奉两系成为中国北方的实力派。但这两派也为争夺地盘而暗斗,同时奉系在南方扩张地盘时又遇直系残余势力联合反攻。奉系南北受敌,正在此时,郭松龄内部倒戈,与国民军合作,通电要求张作霖下野。本来奉系已无路可走,张作霖也认为大势已去,准备退出山海关外。但因为日本人拉拢郭松龄不成,转而全力支持张作霖,使张起死回生。郭军在接连的胜利之际，突然一败涂地，这是1925年12月底的事情。

就在奉系接近崩溃时，国民军在北方已有相当势力，天津也在国民军的控制之下，如果广东革命政府能及时北伐策应，形势将发生重大变化，历史也许会提前进入新的时期。但当时国民党右派以"护党"名义搞分裂，积极反共。在国民党实力派蒋介石的心中，肃清共产党比北伐可能更重要些。

良机错失的国民党很快就发现时局已急转直下。在帝国主义的直接干涉下，原来敌对的直、奉两派，已化敌为友，迅速向国民军反扑过来。1926年1月，冯玉祥通电辞职，宣布取消国民军名义，自己到欧洲游历去了。北方局势基本上又为直系控制，只是天津还有国民军在奋力抵抗。天津局势使直、奉背后的支持者日本深感忧虑，直接派兵炮轰大沽口，受到国民军坚决迎击，日本反向段祺瑞政府施压，要求解除国民军武装。

这一行径激起北京人民的义愤，3月18日，在料峭的寒风中，抗议人群召开"国民大会"，并游行示威。当示威群众聚集在铁狮子胡同段祺瑞执政府门前时，残暴的军警竟然开枪射击，造成四十七人死亡，一百多人受伤，史称"三一八惨案"。虽然有证据证明当时开枪的命令并不是段祺瑞本人所下，而且他在知道政府卫队打死徒手请愿的学生之后，随即赶到现场，面对死者长跪不起，之后又处罚了凶手，传说他从此终生食素，以示忏悔，但惨案引发了社会各界反政府浪潮，巨大的舆论

"三一八"惨案发生地纪念碑

压力直接导致了他的倒台。

4月9日,国民军赶走了段祺瑞,段氏在中国的历史也就此完结。与此同时,国民军企图利用直、奉之间的矛盾分化之,但没有成功,在奉军等的攻击下,国民军于4月15日退集南口作长期固守之计了。

1926年成了段祺瑞这个被誉为"三造共和"的人物结束其政治生涯的年头,也是北洋军阀统治走向崩溃的开始,而中国也因为1926年开始的北伐即将翻开新的一页。

1926年6月5日,南方革命军宣布北伐,决定武力统一中国,结束中国南北分治的局面。

但这场改变中国历史的战争在刚开始的时候,很多人认为这不过是已持续了十年的战乱的延续。已经习惯了在战乱中逃亡的百姓,和看惯了总统、总理以及国会不断上台下野变幻的政治家们,大多没有看到这场战争于中国的意义。

舆论环境:渐松渐紧

中国的经济和新闻媒体业在北洋军阀统治时期都有很大发展,许多研究中国经济史和中国新闻舆论史的著作,将发展的原因归结为政府忙于战乱,其管控能力的薄弱使得民间经济和民营媒体快速发展起来。但在中国历史上,不是每次战乱,政府操控能力薄弱的时候,国家经济都能长足发展。实际上北洋政府忙于与各派军阀进行军事战争的同时,并不忘记发布各种促进经济增长的政策,也没有停止进行政治改革的尝试,而有的改革的确对中国发展产生了积极影响。

段祺瑞是北洋军阀的代表,今天的舆论将段祺瑞和没落的北洋军阀以及"三一八惨案"联系在一起,对他的看法大多是负面的。但事实上,段祺瑞的为人和执政成绩还是有可取之处的。

段祺瑞14岁时家道中落,16岁时独自怀揣一块银元去威海投亲,

步行数十天行程两千多里。17岁
父亲遇害,18岁母亲去世,其后段
祺瑞独撑养活三个幼年弟妹的重
担。段祺瑞一生甘于清贫,在任政
府总理时,他"不抽、不喝、不嫖、不
赌、不贪、不占",人称"六不总理"。
但他大量发行公债,向外国借款用
于武力统一中国,为后人诟病。他
在政治和军事上偏听偏信,长期信
任谋略出众但刚愎自用的徐树铮,
属于用人不当。他个人在发迹后,
并未有作威作福之态;下野后,也没
忘记作为一个中国人的本分。

段祺瑞

　　"九一八"事变后,日本政府冀图控制华北地区,希望段祺瑞能出任
傀儡政权首长,使尽办法促其出山,均遭力辞。后段祺瑞应蒋介石之
邀,举家从天津迁居上海,其后蒋介石一直"师事之"(蒋曾毕业于段祺
瑞创办的保定军校)。

　　段祺瑞临终遗言有"八勿",即:勿因我见而轻起政争;勿尚空谈而
不顾实践;勿兴不急之务而浪用民财;勿信过激言行之说而自摇邦本;
讲外交者,勿忘巩固国防;司教育者,勿忘保存国粹;治家者,勿弃国有
之礼教;求学者,勿鹜时尚之纷华。

　　虽然以段祺瑞为代表的北洋政府执政时期的政治混乱颇受诟病,
然而该时期,各行业、各年度的新增厂家数、新增资本数、新增利润数却
往往很高,类似于美国南北战争后的"镀金时代",为中国历史上所罕
见。我们在现今的学术著作中常常看到,在政治上遭人痛骂的北洋军
阀政府,在经济方面得到的评价往往是"资本主义有长足的发展"、"中

段祺瑞执政府大门旧址

国民族资本发展的黄金时期"等等。

各种学说如雨后春笋般冒出来,在社会上自由地流播并进行小范围实验。民气非常旺盛,就连"惟利是图"的资本家,也普遍地自愿组织商会,动辄发通电指责政府的举措。工人们不顾饿肚子的威胁罢工以支持学运,既表明了初生的中国工人阶级的觉悟,也得益于社会对学运的普遍同情和支持。"五四运动"就是在这样的国内环境中爆发并取得胜利的。

另外该时期公民也享有较高的言论自由与结社自由。从段祺瑞开始执政的1916年,就恢复孙中山的《临时约法》,当时社会的风气随之一变,袁世凯时期万马齐喑的言论颓废局面随之消失,各种讨论热烈而具体。在这种风气之下,已经停刊的《新青年》再度复刊,开始了其反对"孔教"旧道德的论战,成为中国历史上影响重大的标志性杂志。

整个报业在言论上也出现新的发展势头,目前全国通行的关于中国新闻事业历史的高校教材中,均提到该时期报业进步首先是言论风气的恢复。另一个典型就是"四大副刊"的兴起,不仅宣扬民主自由,还有对社会主义思想的介绍,在当时来说难能可贵。20世纪20年代初,

《晨报》和《时事新报》派出驻外专职记者,是中国记者自己报道世界各国情况的开始,其中就有向苏俄派出的瞿秋白等三人。如此开放的社会风气和政治环境,可以窥见当时北洋政府并没有或者没有力量压制和禁锢新闻言论。

在报刊的创办上,随便几个人组合到一起,一种报刊就从此产生了。因此当年创办的刊物比较多,但大部分都属拉来政治关系,只要"轰动一时"即可,并没有长久的打算,或者就直接是某个党派或团体

《新青年》杂志

的机关刊物。该年创办的著名报刊有上海《良友》画报,天津《北洋画报》、《庸报》以及我们要重点说到的《大公报》等十几种寿命不一的报刊。

1926年1月20日,北京新闻界争自由大同盟开会,推举毕蔚真为主席。决议选派报馆通讯社记者十多人为代表,于22日赴执政府国务院,递送呈文,要求废止袁世凯时期制订的《出版法》及现有的新闻营业管理条例。同月,上海日报公会、上海新闻记者联合会等联合致电北洋政府,呼吁废止《出版法》。迫于全国舆论压力,28日,段祺瑞下令取消现行《出版法》。这部《出版法》是袁世凯为钳制新闻出版而订立的,内容包括对报刊创立、缴纳保证金和出版内容的各种限制,以及违规后的处罚等,出台于1914年12月5日,在整个袁世凯时期,成为政府查封报馆、捕杀报人、传讯报纸的"法律依据"。1916年6月袁死后,该法律失去实际效用,但并没有废止。此次废止有保证言论自由的法律意义。

报人之死：邵飘萍、林白水

如此详细地介绍段祺瑞，主要是为了说明其后入京的张作霖和张宗昌却是另一类北洋军阀。被张学良称为"有宏才无大略"的文盲张作霖，与不知自己有多少兵、多少财产和多少小老婆的"杀人如麻"的张宗昌，在1926年4月联合进京后，中国自"癸丑报灾"以来最严厉的杀害报人事件再度发生。

邵飘萍

1926年4月24日，《京报》社长、风流儒雅的邵飘萍因"勾结赤俄，宣传赤化"被逮捕。但张作霖动杀心，最主要的还是憎恨邵飘萍暗中联络冯玉祥和郭松龄(后者曾是张的心腹大将)，促成两方联合，使郭松龄在前线关键时刻倒戈反张，一度使张作霖陷入下野出走的绝境。后来郭松龄虽然被平定，但邵飘萍已被张作霖列入必除之而后快的黑名单。当然，此前张作霖也怀"仁心"，希望用三十万的巨款收买邵飘萍，创下旧中国最贵的言论舆论收买价格，被邵飘萍断然拒绝。邵飘萍被捕后，北京报界曾说情于张学良，希望他能本"尊重舆论"之意释放邵飘萍。但游说未果，被捕两天后，邵飘萍被枪杀。

据当年《申报》所载，当时北京报界同人曾派出十三位代表营救邵飘萍，分别是上海《新闻报》、《时报》、《商报》和汉口《正议日报》的驻京记者以及《北京晚报》、《五点钟晚报》、《中报》、《公报》、万国电信社、神州通讯社、益智通讯社、民生通讯社、报知新闻社的记者。当时上海《民国日报》也对此事做了报道：

报界同人自得邵氏被捕消息后，即于前日（二十五日）下午三时，在某处开全体大会，讨论营救方法，当推定代表十三人，于五时同乘四辆汽车，赴石老娘胡同访张学良。当经张氏接见，各代表将来意说明后，张答谓逮捕邵氏一事，老帅与吴子玉（即吴佩孚）及各将领早已有此种决定，并定一经捕到，即时就地枪决。此时邵某是否尚在人世，且不可知。惟此次要办邵某，并非因其记者关系，实以其宣传赤化，流毒社会，贻误青年，罪在不赦，碍难挽回，而事又经决定，余一人亦难做主云云。各代表再三解释，并恳求张本凤昔尊重舆论之善意，将邵开释，或永远监禁，以保全其生命。张谓余情愿一一负荆请罪，此事实无挽回余地。各代表恳求至三小时之久，张笑谓：余与郭松龄情谊之笃，世无伦可比，郭倘因他事犯罪，余亦可牺牲一己，与其私逃，但其前次举动，余实无法援助，及出兵讨郭之际，余尚致其一书，谓"尔前谓我战术参差，今度且看如何"，又致郭夫人一书，谓："彼此后不能复为跳舞之戏矣。"张又谓："余对生死二字看得极透彻，其实何足关心。邵某虽死，亦可扬名，诸君何必如此，强我所难云云。"时张氏亟要赴齐燮元之预备会议，不能再谈，各代表乃悒悒而出，后又各以私人交谊奔走各方营救，但仍无效。

民国资深老记者陶菊隐先生在《北洋军阀统治时期史话》一书中称："自从民国成立以来，北京新闻界虽备受反动军阀的残酷压迫，但新闻记者公开被处死刑，这还是第一次。"

关于邵飘萍的死，当时报界报道虽不尽相同，但普遍认为他死得壮烈从容。4月26日凌晨4时，邵飘萍身着灰色棉袍、黑马褂，被押赴刑场。1926年4月27日《顺天时报》报道说，监刑官命"邵氏跪地，邵氏初不肯跪，并昂首向天哈哈狂笑两三声，旋被二兵按于地……"。也有报道说他临刑前微微一笑，总之他含笑逝去，十分壮烈。

《京报》馆旧址

早在 4 月 22 日，邵飘萍已在《京报》上刊登了《飘萍启事》：

鄙人至现在止，尚无党籍（将来不敢予定），既非国民党，更非共产党。各方师友，知之甚悉，无待声明。时至今日，凡有怨仇，动辄以赤化布党诬陷，认为报复之唯一时机。甚至有捏造团体名义，邮寄传单，对鄙人横加攻击者。究竟此类机关何在？主持何人？会员几许？恐彼等自思亦将哑然失笑也。但鄙人自省，实有罪焉，今亦不妨布之于社会。鄙人之罪，一不该反对段祺瑞及其党羽之恋栈无耻；二不该主张法律追究段、贾等之惨杀多数民众（被屠杀者大多数为无辜学生，段命令已自承认）；三不该希望取消不平等条约；四不该人云亦云承认国民第一军纪律之不错（鄙人从未参与任何一派之机密，所以赞成国民军者，只在纪律一点，即枪毙亦不否认，故该军退去以后尚发表一篇欢送之文）；五不该说章士钊自己嫖赌，不配言整顿学风（鄙人若为教育总长亦不配言整顿学风）。有此数罪，私仇公敌，早伺在旁，今即机会到来，则被诬为赤化布党，岂不宜哉！横逆之来源，亦可以了然而不待考查矣。承各界友人以传单见告，特此答陈，借博一粲。

从这最后的启事中，我们似乎可以更深了解邵飘萍遇害的背景。

8 月 6 日凌晨，另一位民国著名报人林白水被杀。福建人林白水，早年留学日本，毕业于政法大学，自戊戌变法以来从事新闻事业。林白水的文章意到笔随,往往"发端于苍蝇之微,而归结于政局","语多感愤而杂以诙谐",很有影响。

是日子夜,正在《社会日报》社删改稿件的林白水,忽听外面人车鼎沸,原来是宪兵司令王琦派兵来抓他,一共开来了三辆军用卡车,好像抓江洋大盗。宪兵说请林先生到司令部去谈话,结果车子直驶天桥刑场,仅在前门外宪兵分队停了十分钟,是打电话向王琦请示。总计从被捕到行刑,前后不过三小时。行刑前,行刑人员问林有没有遗言,林说:希望自己的儿孙永不要做新闻记者。随后,宪兵宣布林白水犯有通敌罪,当即执行枪决。邓拓曾撰文说,"那时正是夏天,有人见他身穿白夏布大褂,白发蓬蓬,陈尸道旁"。

林白水被害的直接原因是他在前一天的《社会日报》上发表《官僚运气》,讽刺潘复拍张宗昌马屁,把潘、张关系比作睾丸与肾脏:

> 猪有猪运,督办亦有督运,苟运气未到,不怕你有大来头,终难如愿也。某君者,人皆号为某军阀之肾囊,因其终日系在某军阀之胯下,亦步亦趋,不离晷刻,有类于肾囊之累赘,终日悬于腿间也。此君热心做官,热心刮地皮,固是有口皆碑,而此次既不得优缺总长,乃并一优缺督办亦不能得。……表面炎炎赫赫之某肾囊,由总长降为督办,终不可得,结果不免剞池子之玩笑,甚矣运气之不能不讲也……

就在林白水遇害的第二天深夜,《世界日报》社长成舍我也遭逮捕。他刚看完日报的大样,上床不久,就听人

林白水(左)与林纾(1894年摄)

声鼎沸,若干宪兵蜂拥而入,说:"宪兵司令部王司令(琦)请你谈话。"随即将他押上卡车带走。情形与前一日林白水被捕时一样,报社同人都认为成先生此去凶多吉少,恐怕要遭到邵、林同样的命运。路透社甚至抢先发出电讯:"成氏已被处决。"而成舍我自己也认为,此命休矣。

成舍我敢说敢写,素有新闻界"鬼才"之称。他的报纸坚持正统舆论,讲是非,辩善恶,对于奉军毫不客气地批评,触怒奉方,认为他一定有背景。外界评价他从不接受任何金钱上的补贴,但据日本外务省情报局在中国作的秘密调查显示,《世界日报》曾接受贺德霖出资,是国民军第二军的机关报。

成被抓走时,潦草地写下了"孙宝琦"的名字,留下营救自己的唯一线索,成舍我夫人杨女士往孙宝琦府上霄夜泣跪求救。事有凑巧,王琦抓成舍我,事先并没有得到张宗昌"立即执行枪决"的命令,而当晚张宗昌新娶一位姨太太,正寻欢作乐,不便打扰,成舍我的命因此暂时保住了,从而为孙宝琦留下了营救的时间。

多年以后,成思危先生曾亲耳听父亲讲这一段往事,知道了孙宝琦为什么会全力相救。原来,1923年10月,曹锟当选总统,第二年,他拉孙宝琦任国务总理。孙宝琦上任不久,就遭到曹琨周围官僚的攻击,尤以王克敏反对最烈。王克敏是财政总长,北京许多报馆拿了他的津贴,都替他说话,因此舆论界出现了"拥王反孙"一边倒的局面。但北京市民百姓却同情孙宝琦,而王克敏本是"金佛郎案"之罪魁,久为社会所不齿。不拿政府津贴的《世界晚报》(亦为成舍我创办)顺乎民意,对孙宝琦表示了同情和支持。同时,该报副刊还发表张恨水的打油诗嘲骂王克敏,有些诗还传诵一时。正在四面受敌的孙宝琦自然对主持公道的《晚报》感激涕零。不久,孙宝琦的长子孙景阳来成府致谢,临走掏出一张二百块大洋的支票,但被成舍我谢绝。"我父亲当时说,钱如果我收下了,我以后就不能批评孙先生了,那我还办这张报纸做什么呢!"成思危先生回忆说:"孙宝琦因为这件事从心里佩服我父亲,认为一个二十多岁的青年能有胆识,实在难得。所以,有这些背景,日后他才全力搭救我父亲。"

《大公报》:归去来兮之重生

虽然有极端的个案出现,但在当时一般报人看来,只要不涉及"赤化"宣传,在报刊上指陈时政,批评当权还是有一定空间的,因此这段时期新报刊的创办依然很多。

当时人们创办报刊很少有长久打算,一般拉来一笔资金,或者拉来政治关系,有个政治和经济上的靠山,就开始办报。钱花光了没有接济,或者政治靠山倒台了,报纸也就办不下去了。特别是北方,政治的动荡、商业的不完善、经济的不发达都直接影响了报纸的经营。

当时在北京,《晨报》、《世界日报》、《京报》算是大报,销量多时不过八九千份,少的则只有三五千份。日本人办的《顺天时报》因为有日本势力的庇护,敢于刊登些别的报纸不敢登的新闻,因此销量大约有一万五千份左右。

天津作为中国近代报业发展的重地,比邻首都,接近中央,同时又有租界外国势力的庇护,因此在历史上就常有舆论重镇盘踞。清末维新变法时期著名的《国闻报》、1902 年的《大公报》、1915 年的《益世报》都是影响巨大的报纸。特别是 1902 年创办的《大公报》,在京津很有名气。其创办者英敛之是满族人,天主教徒,主

1902 年 6 月 17 日《大公报》创刊号

持《大公报》十年,辛亥革命后退出。

民国十五年,即 1926 年 1 月 10 日,英敛之与世长辞,享年 50 岁,他创办的《大公报》已经历经坎坷而停刊,但他没有想到的是停刊的《大公报》,其实正在蛰伏,期待着新命运的到来。

的确,就在英敛之离世后不久,《大公报》和他倡导的"敢言"精神被三个有志报业的人士继承下来并发扬光大,续写了《大公报》的辉煌,并将它推向一个更高的境界。

民国十五年,在这风云际会、五味杂陈的局势中,伴随着新的政治局面的到来,一个新的媒体时代也即将到来。

《大公报》归去来兮!

第一部分
1926 年前的张季鸾和《大公报》

1926 年前的张季鸾和《大公报》分别在两条不同的轨道上行进,他们都经历了坎坷多难的历程。1926 年前的《大公报》,几经沉浮,发展并非一帆风顺;1926 年后在张季鸾、胡政之、吴鼎昌的苦心经营下,发展成为民国时期著名的报纸。回顾张季鸾的一生,也明显以 1926 年分界,之前,他命运坎坷,两陷囹圄,职业生涯不稳定,处于探索之中;1926 年后,一直在《大公报》任总编辑,政治态度趋于稳定成熟,社会地位和影响与日俱增。

张季鸾

一、1926 年前的张季鸾

命运多舛的童年

1888 年 3 月 20 日,山东邹平县县令张翘轩喜得一子,这是张县令的继妻王氏生下的第一个也是唯一一个儿子。元配夫人曾为他生下三个儿子,焕章、炳章、灿章,但都夭折了。这个儿子的出世令张翘轩非常高兴,取名为"炽章",张县令希望他能和自己一样,不同于世代做武官的同乡和祖辈,以文章立世。这个有点瘦弱的婴儿后来真的以文章言论名满天下,成为中国近现代史上著名的报人。他的一支笔忠实地记录了中国每一天发生的大事要情,记录下民众百姓和社会精英们为国家民族的发展所作的积极思考和建议,他通过自己的文章为当政者提出中肯与富于建设性的意见,为民族的团结和抗战的胜利,作着忠实的呼喊。

张炽章字季鸾,祖籍陕西榆林。榆林地区在汉朝时属于五原,是关中的高寒地区;到明朝的时候依然属于边防地区,民族矛盾突出,世代多出武官。张季鸾的父亲名为楚林,字翘轩。张翘轩少年时也曾习武,弱冠之年应童子试时三射二中,但因为坐骑受惊坠马,手臂受伤,于是弃武学文。总兵刘厚基和知府蔡兆槐欣赏他的才气,对他悉心栽培。光绪二年(1876年),张翘轩考取了进士。这在该县实在是罕见的喜事,因为从乾隆到同治的百余年里,那里的读书人中还没有出过进士。

清代读书人中了进士就有资格出任官职,张翘轩因此被分发到山东做知县。他胸怀锦绣,为官清明,但因没有背景,仕途平平,甚至还曾被革职,在山东的二十四年间,做官的时间也不过六七年。

张翘轩"庚子冬六十六岁上(1900年),病故在济南"。身后家无长物,一贫如洗。但张翘轩留给儿子季鸾一种精神财富,就是"报恩思想"。张翘轩为报答刘厚基和蔡兆槐的知遇之恩,曾在家中设立二人祭祀牌位。张季鸾后来说:"我的人生观,很迂浅的。简言之,可称为报恩主义。就是报亲恩,报国恩,报一切恩!"这种报恩主义已经超越了其父单纯的个人间的报恩,而扩大并升华为一种世界观和处世态度。

翘轩病逝后,很多人劝其遗孀王氏留在山东生活,但她坚持要将亡夫的灵柩运回老家。1901年,王氏带着14岁的少年季鸾和两个幼女到沂水辞别娘家,母子四人千里扶柩,"一路风雪向榆林",第一次回故乡。后来张季鸾回忆:"一路的困难不必说了,到家即发生生活问题。全家箱匣中,只有几只元宝。有一处伙开的商业被人吞没,成了讼案,先母自己上堂,而命我早出游学,艰难家计,一身承当。"

这次回故乡可以看作是"天将降大任于斯人,必先苦其心志"的开始,之后多年的困苦磨练着少年张季鸾的意志,艰难的生活让他更加体恤母亲的辛劳,而在困境中得到的帮助更使他确立了人生的态度,"感恩"!

张季鸾的母亲王夫人,是一位极慈祥平和的女性。在艰难的条件下,她让儿子去读书,这种选择对她和她的儿子来说都是意义重大的。因为在旧社会,男孩子到了十三四岁的时候,就该选择前途职业了。一般来说,有读书和习业两种。读书的不仅要看孩子的资质、兴趣,而且还要看家境。选择读书,不仅要请名师教授,而且家中还要有书可读;另外读书人要"十年寒窗",家中必定要有固定收入,可以栽培得起。特别是一些贫寒子弟,一人读书,背后必定有一人甚至数人长年累月的牺牲和支持,甚至一个家族的帮衬。所以在古时,常有士子夺得功名,立于朝堂之上后,皇帝为其孤嫂寡母赏封立碑的故事。而习业,则是很多城市里贫寒子弟的出路,到个小作坊,从学徒做起,熬个两三年,出了徒,就可以有薪水赚,养家糊口了。现在张季鸾的母亲下决心让儿子读书,其实就已经下定决心要付出更大的辛苦了。

如果没有坚韧顽强的慈母,作为独子的张季鸾可能早就要去习业做学徒,挣钱补贴家用了。当然有机会读书也是因为他聪敏过人,刻苦好学。当年父亲还在世时,常教季鸾读书,他过目不忘,作文一挥而就,词意超群,为父亲所钟爱。现在,母亲下此决心,也有不想辜负先夫对唯一儿子的期许,慰祭先夫在天之灵的意思。

1902年初,张季鸾在榆林师从名儒田善堂先生就读,熟谙"四书"、

"五经",乃至《国策》《国语》等,延榆绥道陈兆璜很赏识他的文采,又同情他家境贫困,于是把他召入道署,与自己的儿子共读。

就在张季鸾开始苦读国学,学业起步的时候,摇摇欲坠的清政府正经历着新旧势力激烈的对抗。中国社会各种力量分化组合,各种矛盾此消彼长。1902年八国联军撤离北京,慈禧和光绪自山西返回紫禁城。为实现对洋人的承诺,取消领事裁判权,慈禧宣布改革,实行新政,基本恢复了光绪皇帝在戊戌变法时期颁布的改革措施。慈禧通过经济改革,使中产阶级登上历史舞台,成为无法忽视的社会力量。在教育体制改革中,清政府鼓励年轻人出国留学,接受西方新式教育。由于日本国力飞速发展,又比邻大陆,成为留学首选,1902年成了中国人东渡日本的高峰年。

政治的松动促使国内外改良派知识分子再度掀起创办报刊的高潮。除了1902年6月17日,英敛之创办的言论性报纸《大公报》外,1904年6月12日,近代中国另一份颇具影响的大型日报《时报》在上海创办,主持者为从日本回来的狄楚青;8月16日北京的彭翼仲倾其家财创办了以城市居民为主要读者对象的《京话日报》;同年3月11日,中国近现代历史上颇具影响的《东方杂志》也在商务印书馆诞生。海外流亡的改良派也创办了很多报纸,最具影响的是梁启超在横滨创办的《新民丛报》。这些报刊提倡君主立宪,改良变法,反对用革命、暴动、暗杀手段重蹈法国大革命的悲剧覆辙。同时,孙文领导的以《中国日报》为首的革命派报刊也大为发展,它们以日本为主体,遍布东南亚、美洲等地,并与改良派大论战,要求抛弃改良,进行革命。

清末十年是传媒先驱们广泛办报的活跃期,是中国新旧思想激烈交锋期。这期间,15岁的张季鸾又受陈兆璜资助到醴泉"烟霞草堂"读书,遇到了对他学识、品性、人生影响巨大的老师刘古愚。

大凡一个人,少年、青年时多受家庭和师长的影响,步入社会后,能够影响他的多是环境、朋友。因此我们考察一个人,在少年、青年时多从其家庭、学校、老师入手,特别是他非常喜欢和崇敬的师长,因为这些人的影子常常在他成年后的思想行为中得到体现。如近代著名学者,也是中国近代报人的王韬,就有其师顾惜的影子;而张季鸾成名后对其恩师刘古愚的回忆和评价,简直就是对自己人生、性格作的诠释和总结。

师者刘古愚

刘古愚,名光蕡,是一位和北宋儒学大师张载志趣学行相仿佛的"关学"传人,对张季鸾学识、人生观有重大影响。张载,字子厚,关学学派创始人。该学派的基本特点是主张"学贵于有用",比较注意观察、研究与国计民生有关的问题。青年时期的张载,对于西夏统治者不断侵扰、掠夺而造成社会经济的破坏和人民生活的痛苦满怀愤恨,对于北宋的腐朽、软弱大为不满,企图组织武装夺取洮西地区,以解除西夏统治者的侵扰。他对于当时大官僚大地主的巨额土地兼并甚感忧虑,主张用"井田"的办法解决贫富不均的问题。"关学"在当时和后来的中国都产生了一定的影响。张载在陕西眉县的横渠乡间讲学,其规模和南方的岳麓、东林没法比,但是,他的影响却远远超越了地域局限。

八百年后的刘古愚在醴泉讲学,条件更为艰苦,影响也很大。陕西近现代的文化名人,很多都接受过刘古愚的教育。民国时期著名的"陕西三杰",其中两个就是他的学生:于右任、张季鸾。他们都深受老师的影响:对人生社会持进取态度,处板荡之世则谈兵论剑,由改良而趋于革命。

由于受到刘古愚的教育和培养,张季鸾虽身处偏狭闭塞的西北,却并没有脱离历史前进的步伐。他接受的是既不同于为科举做准备的旧式私塾教育,又不同于新式学校教育,而是以张载的"为万世开太平"、"学贵于有用"为宗旨的"关学"教育,即教育以修己爱人为出发点,教学的内容不仅包括识字,而且包括农事甚至工业,在振兴工业方面重视桑蚕织棉;同时认为应遍设乡团,举国皆兵,和平时期,大家务农并发展各种手工业,战争时期则能拿起武器保卫祖国。刘古愚设立的"乡学",是中国最基础的"政教兵农工合一"的教育模式,在教育救国理念的指导下,他亲自创办义务私塾数百所,虽耗资无数,自己的生活一直处于困窘之中而在所不惜。这种紧密联系现实的经世致用的教育思想,使他的名声在大西北不胫而走。刘古愚后来被邀请到兰州创办甘肃大学堂(现在兰州大学前身),后病逝于兰州。

张季鸾在刘古愚那里,首先受到国学的教育。刘古愚学孔子因材施教的方式,弟子数十人,但每个人学习的内容则根据兴趣、爱好与秉性不同而有所区别。当时张季鸾被指导读的书目有《明通鉴》、《文献通考》,并抄读《通考序》、《读史方舆纪要序》。张季鸾回忆说:"先生曰:'读史应先近代,阅《通考》则知历代制度典章之得失,而货币尤宜先。'"刘古愚认为,除了能够救世的知识外,就没有学问了。这种思想对张季鸾影响很大,他后来执笔办报,纵横时事,所秉持的原则就是"救世"、"国家至上,民族至上",为此,不惜得罪权贵,甚至不惜违背"群众舆论"。

刘古愚不仅用书本上的知识和道理来影响学生,而且用读书的物质环境和自然环境熏陶他们的秉性,让理性的光辉与自然的力量同时滋养学生的心性,他相信,这样塑造出来的人性才是长久而自然的,经得起时间和社会的磨砺。张季鸾曾经在《烟霞草堂从学记》中谈到他当年学习的环境:"烟霞草堂为庚子后所建,在唐昭陵之阳,负山面野,深谷怀抱,唐诸名将墓皆在指顾间。地极清幽,去市廛十里,群狼出没,常杀人。""先生书斋,冬不具火,破纸疏窗,朔风凛冽,案上恒积尘,笔砚皆冻,而先生不知也"。刘古愚是一个把国家兴亡挂在心间而且喜怒形于色的性情中人。"先生酒后谈国事,往往啼哭。常纵论鸦片战役以来至甲午后之外患,尤悲愤不胜。此外,喜谈明末诸儒逸事,尤乐道亭林、二曲两先生。清代人物,则重湘中曾、胡、刘、罗,及戊戌死难诸人"。

刘古愚并不是单纯以教育立身。戊戌变法时,他和北京的康、梁声气相投,成为陕西改良派的精神领袖,一时间有"南康北刘"之称。另外,他也积极探索实业救国的路径。陕西第一家现代化的轧花厂,是他和朋友集资,从海外买机器建起来的,他还创办了陕西第一家白蜡局。倡导实业,目的为"富民",人民有了经济基础,风气洞开就容易多了。这种朴素的以经济发展为基础,改善人民生活为目的的思想在现在看来也是抓住了社会发展的重心和根本。这些思想在后来张季鸾的文章中都有所体现。

张季鸾从恩师那里学到的还有成熟而稳健的政治思想。刘古愚虽然居于乡间,却真正是身无半文,心怀天下,政治思想也颇为成熟。在义和团事变中被慈禧太后杀给外国人看的陕西籍朝廷大臣赵舒翘,是刘古愚的好朋友,刘办学曾经得到他的全力帮助。赵在"拳变"中推波助澜,以为可以藉之与外人对抗,刘古愚提醒他勿袒拳民,赵不知其中幽微,终于当了替罪羊。而在国家危难关头,排满情绪高涨时,刘古愚认为解救中国应"重外患而轻政体",也就是说帝国主义侵略中国是最主要的矛盾,至于满族人对汉人的统治则为次要矛盾;中国的祸患不是满族人,而是中国国人的愚昧;对西北少数民族,主张回、汉融合,同施教化。这种见地突破了狭隘的民族主义和种族观念,应受尊重。更可贵的是,他为国家和民族大义,不顾年老体弱前往甘肃,普及教育,"时陇中甫兴学,风气固鄙,道险且艰,门人以师年衰,劝勿往,先生叹曰:'汉、回为西北隐忧,吾将期以三五年,教化回民子弟,此关陇大计,非吾莫属。'"这种以天下为己任的士大夫情结对张季鸾影响颇深。

刘古愚还通过言传身教、潜移默化传递给弟子更为可贵的"士大夫"世界观和价值观。"士不立品者,必无文章",一个文人,没有好的品德,也就写不出好的文章,做不出好学问,干不成大事业。刘古愚不是把读书作为当官往上爬的敲门砖，因而其性情不因为学问大而扭曲。还是张季鸾的回忆：在刘古愚那里学习的半年中，没有听他说过一次自己的事情，对金钱财物，一概漠视，"独居则友千古，教人则善天下，光风霁月，一片纯诚"，没有人能比得上。吃的是粗茶淡饭，从不收学生礼金，待人接物"诚坦而近人，谦和而有威"。学生有负先生的地方，转眼就忘记了，而"乡人求教，无不满意以去"。对待权贵也绝无特殊，所有人物，不论贵贱，皆一概平等待之。而这些品德也是张季鸾所具备的。

张季鸾还说到老师的一件趣事，"忆入陇议起，醴泉知县某代陇吏致聘书、载丰宴来山，余等待门外。席间，忽闻先生抗声曰：'老父台胡说！'知县唯唯。门外人不知何事，相与匿笑以为奇。明年上元，知县请入城观灯。归，告余等曰：'今日知县夸灯好，我告以'使良民为无益之戏，何好足云'。知县大不欢，我不顾也。'其严直类如此。然先生非故作矫激傲富贵，第从心言事，平等待人而已"。他得与"南康"齐名，他的弟子中有人以此为荣，他却说："世俗不知，目我为康梁党，康梁乃吾党耳。"这倒不是文人相轻说大话，而是刘古愚的确是先于康、梁思考变法事宜的。

刘古愚在史地方面也是造诣颇深，经常给学生们谈长城内外山川形势以及历史上的重大边患等等，还鼓励张季鸾假期多去实地考察。刘古愚的教导对于后来张季鸾的经世学问、立言于天下影响深远，为张季鸾以后从事记者职业打下了良好的根基。张季鸾在国学方面很有造诣，作文章也如良史之绵密警策，都与他受教于刘古愚有很大关系。

在刘古愚众多的学生中，张季鸾年纪最小，而学习最勤勉，后来的成就和影响也最大。老师对张季鸾很赏识，1902年冬，刘古愚要转往兰州就任甘肃大学堂（今天兰州大学前身）总教习，当时，他的学生们都争着要和老师同去，但刘古愚只准张季鸾和另一个同学同去，代为抄写。张季鸾非常高兴，请示母亲，却适逢三妹夭亡，痛心伤感之下，只好留在当地,转读三原宏道高等学堂,在这个学堂学习了两年多,结识了后来在辛亥革命期间崭露头角的一大批陕西革命志士。

伯乐沈卫

1904年初,张季鸾的母亲也离开人世,年仅37岁。在张季鸾看来,"这尤是我终天大恨,三十年来,时时想起,不由得感到无可如何的悲哀"!从1901年到1904年,张季鸾接连身受亲人离丧之苦痛,先是1901年父亲病逝,1902年三妹夭亡,1903年9月,自己最敬佩的恩师刘古愚也病逝兰州,而转年的春天,年仅37岁的母亲亦离开了自己。那时张季鸾年仅17岁。这"终天大恨"和"无可如何的悲哀"并没有使张季鸾消沉,反而激发他发奋学习,刻苦求知。生活的悲痛和恩人的帮助,如同烈火和冰雪同时淬炼着张季鸾的心性,他没有倒下、颓废、堕落,反而更纯洁、高尚和坚强。他回榆林料理丧事后,强忍悲痛之情,继续刻苦求学。

人的性格有很大天生成分,但在后天教育、环境等影响下,可以使相似的人最后走上不同的道路,实现不同的人生价值。同样受业于刘古愚,同样幼年贫寒的于右任,在逆世中发讥讽,歌颂自由与革命,在1904年5月写下"爱自由如发妻,换太平以颈血",以及"革命方能不自囚"等激烈词句,被当地政府认定为革命党,通缉拿办。于右任易名亡命上海。张、于两人有着不同的道路,不同的人生,但目的都是为了救国,在这个大目标下,他们最终还是走到了一起,成为生死之交。

此后张季鸾赴省会西安应试,再受学台(教育厅长)沈卫器重。沈卫是后来大名鼎鼎的民主人士沈钧儒的叔父,时任陕西提学使,负责考拔秀才,已经中了进士的沈钧儒作他的助手。后来沈钧儒回忆张季鸾会试时的情形:在截止报考的号角已经吹响,考棚的大门即将关闭的时候,跑来一个瘦弱的童生,手提考篮,陈诉赶路的艰苦,要求破例准其入闱。沈卫叫他进来,问他平日里所学有何擅长,他说,对北方的山川形势,曾加研究。于是沈便叫他将长城各口的险要写出个大概来。他不假思索，很快就写出来了。因为个子比较矮小，坐在较高的条凳上，两脚还着不了地。沈卫看过答案后很满意，特准他参加考试。后来阅卷，果然成绩不错。

当时正值清政府大力鼓励青年留学，各级政府官吏纷纷仿效，1905年陕西省开始推进选拔青年学子出国留学的工作。经沈卫保举，张季鸾被选中官费留学日本。

如果不是有意志坚定的母亲，遇上陕西大儒刘古愚，如果不是陕西学台沈卫的赏识，这个孤苦无依、备尝艰辛的少年的命运就会完全是另一番样子。

不论怎样，一个新的世界就要展现在 18 岁的张季鸾面前了。

东渡扶桑，意属革命

1905 年 8 月 20 日，在孙中山先生的领导下，中国同盟会在日本东京成立，宣告中国第一个资产阶级革命政党诞生，并制定了"驱除鞑虏，恢复中华，创立民国，平均地权"的政治纲领，吸引了大量留日学生成为革命新生力量。

十多天后，在遥远的中国陕西，当地政府拟订了三十四名留日的学生名单，其中张季鸾以优异成绩入选，且年龄最小，仅 18 岁。这是清末陕西当局派遣留学生人数最多的一次。10 月，这些学生取道上海，东渡扶桑。原本为了"师夷长技以制夷"，保救大清国而派遣的留学生，最后大部分成为大清国的掘墓人。这可能是清政府最没有料到

孙中山手书《同盟会十六字宣言》

的结局吧。但从历史的眼光来看，虽然没有保救成大清国，但保救了中华民族，这应是更大的功绩。

1905年10月，张季鸾来到东京，先入东京经纬学堂，后入东京第一高等学校攻读政治经济学，他勤奋苦学，甚至被传会背诵日本的百科全书。当时留日的学生大部分都以政治学和法学为专业，这种文科性质的学习直接为资本主义思想在中国的实践产生重要影响。他们中有很多人在归国后从事媒体工作，也直接提升了媒体对社会的影响力。早的如狄楚青、陈景韩、陈天华、鲁迅、邹容，后来有于右任、胡政之、张季鸾，以及同在报馆但并不激进的李浩然等。

1906年秋天，陕西的留日学生在东京成立了"同盟会陕西分会"，张季鸾经好友井勿幕和赵世珏等人介绍，谒见孙中山先生，首批加入同盟会，投身资产阶级民主革命运动。但这是张季鸾唯一一次加入政党的活动，当后来他决定以报人为自己的终身职业时，就不再参加政党活动，坚持独立精神，以自由身份游走于各政党、官贵之间，做一个纯粹而负责任的报人。他的这种报人思想对后人影响很大，其继承者王芸生曾以"戴盆何能望天"而拒绝国民党的高官厚禄，受到他的肯定。

中国同盟会成立后，于1905年11月26日，创办机关报《民报》，刊发同盟会的政治纲领，即"三大主义：曰民族，曰民权，曰民生"，简称"三民主义"。之后各地同盟会纷纷创办自己的刊物，1907年8月，陕西留日学生同乡会召集在东京的陕西、甘肃两省的留学生共同创办了《秦陇》杂志，但只出了一期。1908年2月2日，在《秦

《民报》第一号

陇》的基础上,陕甘学生再创办《关陇》杂志,但也只出三期即告停刊。2
月26日,陕西留日学生杨铭源、赵世珏等在东京创办《夏声》杂志,月
刊,到第二年9月25日停刊,共出九期,出版一年零七个月。张季鸾担
任该杂志的编辑,并开始用"少白"、"一苇"等笔名积极为刊物撰稿。

这时的张季鸾还没有走出恩师刘古愚的思想,"教育救国"在他的
思想中占有重要地位,当时在《夏声》上发表的文章多是关于教育方面
的论文,如《参观日本千代田小学校记并书后》、《忠告陕西小学教育
家》、《日本教育发达史论》等。

"少白"是张季鸾的第一个笔名,意思是"少年白头",不仅因为张季
鸾的确是二十岁刚出头,就有白发了,而且也是用"莫等闲、白了少年
头,空悲切"来激励自己。而"一苇"的笔名,在张季鸾研究的诸多学者
中,牛济认为正显示出他"这一段时间落拓无聊的彷徨思想,也多少流
露出他怀才不遇及自悲自叹的感情"。

1908年冬,随着国内革命形势的发展和壮大,同盟会会员日益增
加,于是井勿幕等二十多人在西安开元寺开会,正式成立国内的"同盟

于右任(左)与井勿幕

会陕西分会"。这年,张季鸾短暂回
国,和高芸轩结婚。高家是当时榆林
县另一家有进士及第的,曾在福建当
过官。由于门当户对,两家很早就定
下了亲事,现在张季鸾是专门从留学
地日本回来成婚的。两人婚后关系很
融洽,张出远门,还要和妻子拥吻告
别,这事在当地传为奇谈。但这位高
太太不能生育,后来又染上了抽大烟
的毛病,两人的关系逐渐疏远。高女
士于1931年去世,张季鸾还为她举办

了三天隆重的丧礼。这是后话了。当时张季鸾回国，井勿幕几次希望他加入同盟会，都被谢绝，他以为自己是个文弱书生，既然已经立志当一个新闻记者，以文章报国，"做记者的人最好要超然于党派之外，这样，说话可以不受约束，宣传一种主张，也易于发挥自己的才能，更容易为广大读者所接受"。

短暂的回乡期间，他也尽量劝说有志青年共赴日本求学，他的侄儿张阜生就是这次被他带去日本的。年龄比他大很多的同乡、国画家王军余也在他的鼓动下到了日本。张季鸾对他分析到：榆林地处边陲，风气闭塞，又没有好的学校可读，青年人多半守在家里，荒废终身。年轻人肩负"为地方开通风气，为社会革新事业"的大责任，一定要下决心，不要迟疑，省得将来后悔。听了他的劝说，王军余凑足钱后，说服家人，来到日本。张季鸾亲自到车站迎接，从生活到思想等诸方面帮助他。

到日本后的同乡，大都被张季鸾劝说或逼着剪掉了辫子。张还劝说他们加入同盟会，协助编辑《夏声》杂志，希望大家都早点具备革新中华的旨趣。有同乡追忆道，季鸾先生自小就是热诚宽厚，好管闲事，到日本后，日本话学习得很快，所以常被推作代表与日本人交涉，但是每次作代表总是落个失败的结果，因为他总是很坦白地把所有条件告诉对方，而对方总是找寻最简单的事情答应了事。

张季鸾在日本留学五年，对日本的历史、政治、思想、文化，尤其是明治维新以后的变化，以及社会思潮、风俗人情，都作了深入的调查和研究。张季鸾日文水平也相当高，当时日本学者评价说：中国留学生中，日文写得流畅清丽的，首推张季鸾的论文和戴天仇（季陶）的书信、小品。

这段留学日本的经历使张季鸾在后来的抗战中，对日本问题分析得深刻而中肯，常常能触到日本人痛痒之处，因此不仅中国政要，连日本人也不能忽视张季鸾本人和《大公报》的言论。

在革命形势高涨的中国上海,他的朋友、辛亥革命时期著名报人和革命者于右任,正在忙着创办报纸,鼓吹革命。1909年5月15日他首先创办《民呼日报》,因讥讽湖北提督张彪为"丫头提督"(此人原为张之洞的侍卫,因受张的青睐和提拔,走上仕途,而且张之洞还将自己的丫鬟赐他做了夫人,因此有"丫头提督"的外号),并披露甘肃等西部受灾惨状、民不聊生、官吏腐败,得罪当局,在创办九十二天后被查封。10月3日,于右任接着在上海创办《民吁日报》,自喻哪怕被挖掉眼睛也要为民呼吁。又因揭露日本政府企图夺取满洲铁路筑路权进而控制我国东北的阴谋,盛赞朝鲜爱国志士安重根在哈尔滨车站刺死伊藤博文被查封。第二年,于右任不屈不挠,接着创办了"民"字头的第三份报纸《民立报》,继续为革命大声疾呼。《民立报》成为当时最著名的革命派报纸,在民众中有巨大影响。

这一切都深深激励和感动着远在日本的张季鸾,他决定回国了!

孙中山大总统的秘书

1911年,张季鸾学成归国,临行前,他对同乡说:"这次起义,必获成功,我决意先行回沪,协助于右任先生,鼓吹革命思想,期早达成目的。"张季鸾在日本时就为于右任的《民立报》写稿件,现在欣然接受于的邀请,出任上海《民立报》编辑。《民立报》革命色彩浓厚,随着革命形势的发展,言论逐渐由温和转向激烈,称清政府官吏为"民贼",并设立专门刊登贪官污吏罪行的《民贼小传》专栏,痛斥清政府为"倒行逆施之政府",公开支持四川的"保路"风潮,详尽报道广州黄花岗起义,大胆揭露日、美等侵略中国的狼子野心。张季鸾的加入,使于右任的报刊工作增色不少,他曾赞叹张"英思卓识,天宇开张"。在于右任的影响和启迪下,张季鸾在新闻界脱颖而出,逐渐显露头角。

辛亥革命的胜利推翻了满清政府,结束了中国两千多年的封建帝制。在复杂的中外环境中,1912年元旦,南京临时政府成立,孙中山就任中华民国临时大总统。经于右任推荐，张季鸾出任总统府秘书，并参与起草孙中山的《临时大总统就职宣言》。这是一篇留载史册的文书：

担任临时大总统时的孙中山

中华缔造之始，而文以不德，膺临时大总统之任，夙夜戒惧，虑无以副国民之望。夫中国专制政治之毒，至二百余年来而滋甚，一旦以国民之力踣而去之，起事不过数旬，光复已十余行省，自有历史以来，成功未有若是之速也。国民以为于内无统一之机关，于外无对待之主体，建设之事，更不容缓，于是组织临时政府之责相属。自推功让能之观念以言，文所不敢任也；自服务尽责之观念以言，则文所不敢辞也。是用黾勉从国民之后，能尽扫专制之流毒，确定共和，以达革命之宗旨，完国民之志愿，端在今日。敢披肝沥胆，为国民告：

国家之本，在于人民。合汉、满、蒙、回、藏诸地为一国，即合汉、满、蒙、回、藏诸族为一人，是曰民族之统一。武汉首义，十数行省先后独立。所谓独立，对于清廷为脱离，对于各省为联合，蒙古、西藏意亦同此。行动既一，决无歧趋，枢机成于中央，斯经纬周于四至，是曰领土之统一。血钟一鸣，义旗四起，拥甲带戈之士遍于十余行省，虽编制或不一，号令或不齐，而目的所在则无不同。由共同之目的，以为共同之行动，整齐划一，夫岂其难，是曰军政之统一。国家幅员辽阔，各省自有其风气所宜。前此清廷强以中央集权之法行之，以遂其伪立宪之术。今者各省联合，互谋自治，此后行政期于中央政府与各省之关系,调剂得宜,大纲既挈,条目自举,是曰内治之统一。满清时代藉立宪之名,行敛财之实,杂捐苛细,民不聊生。此后国家经费,取给于民,必期合于理财学理,而尤在改良社会经济组织,使人民知有生之乐,是曰财政之统一。

以上数者,为政务之方针,持此进行,庶无大过。若夫革命主义,为吾侪所昌言,万国所同喻。前此虽屡起屡踬,外人无不鉴其用心。八月以来,义旗飙发,诸友邦对之抱平和之望,持中立之态,而报纸及舆论尤每表其同情,邻谊之笃,良足深谢。临时政府成立以后,当尽文明国应尽之义务,以期享文明国应享之权利。满清时代辱国之举措与排外之心理,务一洗而去之;与我友邦益增睦谊,持平和主义,使中国见重于国际社会,且将使世界渐趋于大同。循序以进,不为侥获。对外方针,实在于是。

夫民国新建,外交内政,百绪繁生。文自顾何人,而克胜此?然而临时之政府,革命时代之政府也。十余年来,从事于革命者,皆以诚挚纯洁之精神,战胜其所遇之艰难。即使后此之艰难远逾于前日,而吾人惟保此革命之精神,一往而莫之能阻。必使中华民国之基础确定于大地,然后临时政府之职务始尽,而吾人始可告无罪于国民也。今以与我国民初相见之日,披布腹心,惟我四万万之同胞可鉴之。

张季鸾曾对朋友说平生有三大得意之事,第一件就是任孙中山的秘书,为孙中山草拟大总统就职文告(另两件事是续办《大公报》使之荣获密苏里大学新闻学院奖章和五十得子)。张季鸾之所以得意这件事,虽有事件重大,为中华民国之缔造者、当时众望所归的孙中山起草可留载于史册的文书,自己的名字也可以随之名垂千古的缘故,但笔者认为更重要的是,他以25岁年轻的阅历,能在如此复杂的政治环境中正确理解孙文的主张和见解,分寸拿捏得如此得当,文字醇厚、老练,对稳定

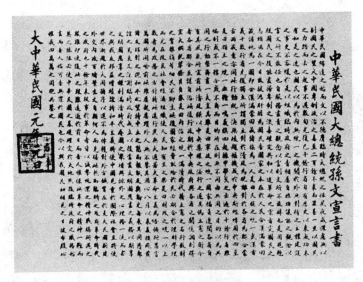

大总统宣言

中国时局发生重要作用,不论是给当时的各路军阀做一宣誓,为持观望或反对的外国势力做一宣言,为普通国民做一呼唤,还是为历史后人树一丰碑,都是极为妥当的。

孙中山就职时,张季鸾曾向《民立报》拍发新闻电,报道临时政府成立和大总统就职情况,这也是民国报纸第一次拍发的新闻专电,为民国报纸有新闻专电的开始。

投身报业的反袁勇士

1912年1月,清帝决定逊位,孙中山在袁世凯赞成共和的条件下,同意把临时大总统的职位让与他。2月12日清帝溥仪宣布逊位,13日孙中山辞去临时大总统职位,15日南京临时参议院即选举袁世凯为临时大总统。3月10日袁世凯在北京宣誓就职。4月1日孙中山正式解除临时大总统职务,5日临时参议院迁往北京。

孙中山辞去临时大总统后,张季鸾也随之离去,结束了他短暂的政界生涯。回到上海,他和于右任、胡政之、曹成甫等人合作创办了民立

《京师公报》清帝逊位号外

图书公司。

1912 年也是中国报界的黄金时代。为了限制临时大总统袁世凯的权限，3 月 11 日，南京方面仓促颁布了《中华民国临时约法》，这部具有宪法性质的法律规定："人民有言论著作刊行及集会结社之自由。"人民群众的言论出版自由，第一次载入了国家根本大法。而在同盟会革命者占据的地区，也纷纷出台法律，保证言论出版的自由，如《中华民国鄂州临时约法》、《浙江军政临时约法》、《江西临时约法》等。在具体操作上，一些军政府还设立记者俱乐部，定期召开记者招待会，为了方便女记者旁听采访政府工作会议，甚至在记者席上用红布围出个女记者席。这些举措极大刺激了中国报业的发展，北京因是政治中心，报纸发展势头最猛，从 1912 年 2 月 12 日清帝逊位到 10 月 22 日，八个月内到内务部登记注册立案的北京报纸就有八十九家。

1912 年 3 月 2 日，《大清报律》被正式废除。为了规范报业活动，南京临时政府内务部颁布《民国暂行报律》，基本内容为：一、出版报刊必须履行登记手续；二、"流言煽惑，对于共和国体有破坏弊害者"应受惩处；三、"调查失实，污毁个人名誉者"应受处罚。《民国暂行报律》引起上海报界和章太炎反对，孙中山知道后，就下令撤销，表达了对新闻自由的尊重。

北方的袁世凯为了显示赞成共和，也表现得极为尊重记者，还特设

袁世凯在北京就任临时大总统

新闻记者招待室,每天由国务院秘书长亲自出面接待。3 月 10 日袁世凯在北京就任临时大总统后,北方的一举一动都成为影响时局的关键。5 月,北京政府邮传部下令减免新闻邮电费,使得南方报纸上的"北京专电"变得重要和流行起来,甚至成为报纸争夺读者的重要内容,来自北京的政治新闻和通讯,成为南方特别是上海等大城市报纸竞相刊登的热点。如被誉为"报界之奇才"的黄远生,从北京发来有关时局的通讯频频出现在上海《申报》、《时报》、《东方杂志》等著名报刊上,一时洛阳纸贵。

但这些昙花一现的"新闻自由"和"繁荣",不过是政权更迭过程中言论统治薄弱期极不稳定的"幻景"。深谙权术的袁世凯决不会让社会舆论成为影响他统治中国的力量。外交、军事、舆论,民初影响政局的三大力量,在他看来只有外交和军事是重心,尤其是军事,至于"舆论脆弱,不足为虑"。在这样的认识下,袁大力压制舆论的行动不会有一点点仁慈。袁世凯上台后,为实行他的独裁统治,对孙中山确立的自由新闻体制进行大肆的扭曲与破坏,使新闻事业自中华民国成立后出现的短暂繁荣局面戛然而止。

1913年3月,袁世凯制造的宋教仁被刺案轰动一时,国民党及革命报刊纷纷调查报道此事,矛头指向袁世凯,张季鸾也愤然在报纸上为宋案慷慨执言。不久,袁为取得帝国主义的支持,未经国会同意,向英、法、德、俄、日五国大借款,违背了民主程序,与国会交恶。1913年6月,张季鸾在他与曹成甫共同创办的北京《民立报》上披露袁世凯"善后大借款"内幕,震动全国,成为孙中山领导的"护国运动"的导火线。袁世凯恼羞成怒,下令查封北京《民立报》,逮捕张季鸾和曹成甫。三个多月后,张季鸾经李根源等好友多方营救才得以出狱,曹成甫却死在狱中,随后张被驱逐出京。

张季鸾毅然担负起烈士遗孤教养的责任,像对待自己的孩子一样培育曹成甫的儿子曹谷冰。曹谷冰后来成为《大公报》的记者,在张季鸾的精心培育下,成为新记《大公报》的第二代领导人。

1913年是中国新闻史上的黑暗时刻,大量报纸被查封或关闭,全国报刊数量由1912年顶峰时的五百多家下降到一百三十九家,北京上百家报纸只剩二十余家,被称为中国近代新闻史上的"癸丑报灾"。在袁世凯当政的1912到1916年间,全国共有六十多名记者被捕,二十四人被杀。

张季鸾获释回到上海后,应留日时同学、《大共和日报》总编辑胡政之的邀请担任该报国际版的主编,经常译载一些日本报刊的时论文章,同时兼任上海吴淞公学教师,教授日本语和外交史。

当上大总统的袁世凯倾向于建立强大的中央集权制政权,但实际上国家处于各地自治的联邦政府结构。宪政、政党选举和地方自治一步步削弱着他的权力,不愿也不能适应民国的非中央集权化自由环境的袁世凯,开始考虑重新采用帝制。那时,袁世凯的儿子袁克定醉心太子梦,极力劝父称帝,甚至不惜伪造一份《顺天时报》,每天送给他看。

《顺天时报》是日本人在中国的言论机构，也是当时中国华北地区最有影响的报纸之一，因此袁很在意此报对于他称帝的反应。实际上这份报纸是反对袁登基的，而袁克定伪造的《顺天时报》支持袁登基，使袁误认为日本人支持他称帝。这份每天只印一份的伪《顺天时报》成为中国报刊史上的一段荒唐剧。而起初德、日、英、美等国的暧昧态度也促使袁世凯坚定了当皇帝的野心。1915 年 12 月 31 日，在一个简单的仪式上，袁世凯复辟称帝，却没料到全国反袁运动高涨，外交形势也日益严峻，"洪宪皇帝"陷入一片反对声中。

身穿"洪宪皇帝"戎装的袁世凯

国内舆论反袁声浪高涨，国民党系统的报刊以大量篇幅声讨袁世凯，广州创办了《讨袁报》，一些报纸也出版了反袁专刊。就连原先拥袁、亲袁的一些报纸和报人，在全国人民强烈反对帝制的震撼下，也转而加入了反袁的行列。梁启超写了一篇反对复辟帝制的《异哉所谓国体问题者》，袁派人送去二十万元请他不要发表，被梁启超拒绝。《申报》、《华字日报》等也改变态度，支持反袁。张季鸾和曾通一、康心如于

1915年12月25日在上海创办《民信日报》,并任总编辑,几乎每天撰文抨击袁党罪行。1916年2月24日,袁世凯政府内务部以《民信日报》"罔顾舆论,任意造谣,竟以逆党为倡议,以朝廷为袁政府,且敢大书御讳不避,实属罪大恶极","决系乱党机关",通令查禁。1916年7月6日,内务部咨文各省区,宣布对上海的《民信日报》等五家报纸解禁。8月31日,《民信日报》迁到北京出版。

人生的低谷

1916年,袁世凯在全国人民的讨伐声中死去。张季鸾重回北京,出任上海《新闻报》北京特约记者。当时,《新闻报》是全国发行最广的报纸。张季鸾的"一苇"通信和《申报》的"飘萍"通讯、《时报》记者徐凌霄的"彬彬"通信一时间脍炙人口。

这时期中国政局频变。袁氏暴卒后,黎元洪继任大总统,段祺瑞为总理,掌握实权,恢复旧国会,并表示遵守《临时约法》。在一片共和再造的环境中,党派活动又活跃起来。国民党内的稳健、激进两派与前反袁的研究系合作,于1916年9月9日在北京合组"宪政商榷会",反对段祺瑞内阁。

该团体因背景与政见不同分为三派:一为孙中山的中华革命党系统叫"丙辰俱乐部",以林森、居正、马君武等为首,多为前国民党激进派;二为韬园派,多为前反袁之旧进步党人;三就是客庐派,以谷钟秀、张耀曾、王正廷等为首,拥有成员二百六十余人,多为前国民党稳健分子,为"商榷会"中之主力。没过多久,谷钟秀、张耀曾二人加入段祺瑞内阁,率先脱离"宪政商榷会",并于是年11月19日自组一政党,名之曰"政学会"。

"政学会"虽以亲段起家,但是不久又走上反段的道路,因为"政学会"毕竟有反北洋派的传统。它和国民党其他派系,尤其是中华革命党一系的"丙辰俱乐部"的渊源远深于它和段的关系。因此当民国六年

"参战案"发生，段祺瑞因主张参加欧战而招致亲国民党的黎元洪等人激烈反对时，谷、张二人又受"丙辰俱乐部"的影响而辞职。国会内的政学会分子遂公开反段。

政学会的机关报为《中华新报》，在社会上颇为活跃。该报有一个松散的报系，上海、北京、武汉、广州等地均设报馆，但各自为政。《中华新报》最早创立于 1915 年 10 月 10 日的上海，创办者就是谷钟秀、杨永泰——政学会的中坚人物，编辑中就有张季鸾。该报创办的目的为反袁，11 月 3 日，袁世凯的内务部对该报实行了禁邮处罚，禁止其在租界以外地区"出卖散布"。12 月 20 日，该报以"言论悖谬"被查禁。1916 年 9 月 1 日，北京的《中华新报》创办，由张季鸾等主持，到第二年 6 月 4 日，该报以"时局濒危，纵言不益"，宣布自动停刊。1917 年秋复刊。1918 年，政学会要员张耀曾、谷钟秀等参与《中华新报》，张耀曾任社长，张季鸾应邀担任总编辑。

当时政学会是最大和最有实力的反段党，因此《中华新报》的报道立场就是反对段祺瑞，特别针对他的对德宣战政策。1918 年 9 月 23 日，北京新闻交通通讯社发通讯稿《呜呼三大借款》，抨击段祺瑞政府擅举外债，包括《中华新报》等八家报纸转载该消息，舆论为之沸腾，段祺瑞震怒。24 日，这八家报纸及通讯社同时被查封，其中包括著名的研究系机关报《晨钟报》，罪名是"故意造谣，泄露秘密"，"破坏邦交，扰乱秩序，颠覆政府"。张季鸾因此再陷囹圄，在首都警察厅被拘押半个多月，经国会抗议、张耀曾等多方营救才获自由。但北京《中华新报》一直没有复刊。

有意思的是，张季鸾这时站在总统黎元洪一边，而其未来的终生搭档胡政之，此时正主持段祺瑞系统的机关报《大公报》，在与黎元洪的政治斗争中，颇为风光。尽管是身处政治对立面，胡政之与张季鸾仍有共通之处，那便是以真实为原则。胡政之下令停止伪造新闻，每逢重大事件,必派记者亲去专访,使《大公报》面貌为之一变。1917年张勋以调解黎、段之争为名进京,却推溥仪复辟,京津剧烈震荡,《大公报》快速而精确的反应,使之销量扶摇直上,深受国人欢迎。

出狱后,张季鸾回到上海,生活潦倒,典质俱空。1919年,张季鸾出任上海《中华新报》总编辑,沈钧儒为主笔,曹谷冰等任编辑。

上海《中华新报》终因经营不善,经济拮据,于1924年冬停刊。这一年,民国著名记者邵飘萍在《实际应用新闻学》中写道:"《中华新报》为政学会之机关,近亦注意于营业,其执笔之张一苇君,头脑极为清晰,评论亦多中肯,勤勤恳恳,忠于其职,不失为贤明之记者,且自身殊少党派之偏见,唯该报营业方面,似未得法,故销数仍未大增。"

张季鸾和政学系的关系也到此结束。政学系在中国虽有影响,但终未成正果。

失业后的张季鸾,受邀曾在胡政之主办的《国闻周报》主持笔政,他认为一星期写一篇文章不足以表达自己对时局的看法,只写过几篇时论。冯玉祥发动政变后,他第三次进京,再度为《新闻报》写特约通讯。

1925年,他的同乡挚友胡景翼任河南军务督办,经由胡的推荐,张季鸾被北洋军阀内阁张绍增任命为陇海铁路会办,是有名的"肥缺",可他到任不足一个月就挂冠而去,说"不干这个劳什子,还是当我的穷记者去"。他矢志办报,却无法展足,彷徨无所依。金融巨头吴鼎昌和老朋友胡政之劝他到上海主办《国闻周报》,他婉言拒绝,认为周报没有日报过瘾,"不足满劳动之欲"。

1926年初,张季鸾失业后为了觅职,滞留天津,住在息游别墅,间或访些新闻,写点稿子,投到上海报社。这是他人生中又一次低谷。

而此时,曾与张多次共事的胡政之因《大公报》停刊转而主持《国闻通讯》,常往来京津,在天津时就住在日租界的熙来饭店。

过去,二人虽然彼此相识,数次共事,但思想上并未走到一起。现在,他们在各自的道路上经历了政治的磨练、事业的艰辛,对未来人生的思考更加成熟。天津重逢,为他们创造了交流的机会。由于熙来饭店和息游别墅相距较近,因此两人几乎天天会面,茶余饭后,海阔天空,高谈一番。张季鸾感叹道:"十多年来,同业友人,或死或散,或改业为官吏,独政之与吾钟情于报纸!"他们住的地方,恰好离《大公报》社不远,每天看着报社人去楼空,大门紧闭,景象萧条,便抚案追昔,对这张拥有二十四年历史的著名报纸感慨不已。

二、1926 年前的《大公报》

英敛之创办《大公报》

天津曾有过一段民谣:天津有三宝,永利、大公、数来宝。这"大公"就是《大公报》。创办人英敛之,满族人,出身贫苦,后入天主教,具有强烈的改革思想,是这份报纸的主笔、编辑和经理。出资者是柴天宠、王郅隆和严复。其中柴天宠为传教士,紫竹林天主教堂总管,他在经营建筑材料、建教堂致富后,想集资办报,与英敛之一拍即合。而王郅隆早年是天津粮店的小伙计,因舞弊被辞退,随后自立门户,除了作粮食生意,还倒卖木

英敛之

材。在那个动荡不安的年代,王郅隆认为,只有军人才是最有实力的阶层,于是他结交军人徐树铮,办起银行和纱厂,成了著名的暴发户。大名鼎鼎的改革家严复在中国更有名望,早在维新变法时期就创办《国闻报》,成为北方改良派重要喉舌和指南;翻译《天演论》等西方启蒙著作,在文学界与南方的林琴南先生一道被认为是当时中国最优秀的翻译

家。这些出资人虽各有人生理想和追求,但基本还尊重英敛之的言论。

在创刊号上,英敛之把办报宗旨定位为采纳西方思想,启迪民智,开风气之先,目的是移风易俗,富国强民。英敛之解释说:"忘己之为大,无私之谓公",换句话说,"大公报"应该是一张忘己无私的报纸。

英敛之以"敢言"著称,创刊便大胆议政,对官场怪状和社会落后风气勇敢揭批,毫不留情,除了皇帝,他鞭挞一切祸国殃民的贪官污吏和暴发户。《大公报》创刊第二天,英敛之宣布,遵循西方报业公例,奉行"知无不言"。第五天,英敛之发表长文,盛赞"皇上有德",进而全面否定太后听政,呼吁还权于光绪;两个月后,光绪皇帝生日,《大公报》继续颂祷由皇帝亲自管理国家,"我皇上将来必可以立宪法,以救我国民四百兆生灵之众,以奠我国家亿万年有道之长"。8 月 15 号,八国联军把天津交还清朝,英敛之连续发表社论,指责联军种种暴行。

1903 年 9 月,《大公报》披露了清末记者沈荩的被害经过。沈荩因披露中俄密约的消息,被慈禧下令用大木板打死。行刑过程非常惨烈:"拿交刑部之沈荩于初八日(1903 年 7 月 31 日)被刑,已志本报。兹闻是日入奏斩立决,因本月系万寿月(光绪生日),向不杀人,奉皇太后懿旨,改为立毙杖下。惟刑部因不行杖,故此次特造一大木板,而行杖之法又素不谙习,故打至二百余下,血肉飞裂,犹不至死;后不得已,始用绳紧系其颈,勒之而死",其"以杖毙之惨",不独"西人闻之皆胆寒",刑部官员竟也"托故告假者颇多",乃"不忍过其地"也。《大公报》还"述其始末":"当杖毙时,先派壮差二名,打以八十大板,骨已如粉,始终未出一声。及至打毕,堂司均以为毙矣。不意沈于阶下发声曰:'何还不死,速用绳绞我。'堂司无法,如其言,两绞而死。"报道一出,中外震惊,舆论哗然,在社会上引起巨大反响。

1905 年,美新任驻华公使要求与清廷谈判严禁华工去美国,遭到上海商务总会激烈反对。他们要求美国两个月内修改《排华法案》,否则抵制美货。美国当然不会向中国低头,于是爆发了持续八个月的抵制美货运动。老罗斯福总统命令亚洲舰队集结广州,作出攻击姿态,迫使清政府下令尽力平息运动。时任直隶总督的袁世凯率先响应,下令查禁反美报刊,致使中国历史上第一次抵制洋货运动功亏一篑。

华工在美国修建南太平洋铁路

很多报纸被迫取消了抵制美货的内容,开始刊登美国商品广告,唯有英敛之还坚守阵地。他依然拒绝刊登美国商品广告,公开与袁世凯为敌。袁世凯以"有碍邦交,妨害和平"为罪名,禁止邮寄《大公报》,但《大公报》在法租界,英敛之又有法国传教士支持,袁世凯只能在租界以外禁售。袁世凯在此期间曾希望与英敛之交好,但英敛之不为所动,与这位炙手可热的大人物整整对抗了十年,直到袁死去。

英敛之是满族人,因此《大公报》对清朝的一切激烈批评,均是出于改革的考虑,而不是要革掉清朝的命。反之,他认为革命会带来外国干涉,自促灭亡。但他倡言爱国,提倡实业救国、教育救国,呼吁收回被西方列强侵占的利权,批评政府和各级官员的愚昧、退让和腐败,对清政府的假立宪尤为失望和激愤。

英敛之主持《大公报》,在报纸的业务领域也颇有创新。虽然报纸采用书册形式,但眉目清晰,常用不同字号突出重点;时常进行版面革新,在报纸上刊登改版广告,如"本报大改良广告,添铸新字,增拓篇幅,新闻议论精益求精,更多译要件,详演白话,总以开风气、裨益见闻为目的"等等。另外,在1905年年底,报纸增加新闻版;1908年秋,由两大张改为三大张,而售价不变。

《大公报》以言论著称,每天刊登数篇言论,有"论说"、"附件"、"闲评"等,不仅对国家大事发表意见,而且对社会上和生活中的一些现象、事件等发表见解,介绍知识,破除迷信,改良风尚等。这样的"附件"用白话写成,专门是给妇女、儿童和略识几个字的人看的。

新闻是《大公报》另一个重要领域,其新闻观是严肃负责的。与当时的其他报纸一样,《大公报》的新闻来源主要也是《京报》、路透社等外国通讯社,以及社会来稿等。为了避免出现虚假新闻,从1904年11月4日起,规定"本馆定例,凡一切新闻,若非由本馆访事员采访而来,概不滥登",以保证新闻的真实性。另外对普遍存在于报纸上的低级新闻,《大公报》从开始就采取明确的抵制态度,"本馆以开风气、牗民智为上义。凡偏谬愤戾、琐碎猥杂、惑世诬民、异端曲说等,一概不录"。

英敛之的《大公报》取维新而避革命,一方面希望中国能实现君主立宪,一方面对革命抱有怀疑而促其放弃。但他没有料到一夜之间爆发的武昌起义竟然导致了大清朝灭亡。孙文宣布中华民国成立,并任临时大总统;1912年2月12号,宣统皇帝宣布逊位,袁世凯接受孙文"举荐",继任临时大总统。大清朝彻底成为历史。英敛之办报兴趣全无,终于离开天津,回北京香山隐居。

报社笔政改由樊子熔、唐梦幻等具体主持,基本上还能体现英敛之的思想，保持"敢言"和严肃的风格。但报纸毕竟缺少了一位能兼顾言论和经营的核心人物，因此不可避免地陷入游移迷茫的境地。这时期的《大公报》对民国政府表现出一定的失望，对袁世凯继续敌视，对国民党则有怀疑。在时局艰难、言论不倡的环境下，主要谈论实业救国、民生问题，以及进行道德说教。

1917年，北京和河北发生大水灾，一百多县六百多万百姓受灾，英敛之在《大公报》游艺大会上天天登台募捐，这是英敛之与《大公报》的最后一次联系。水灾过后，两百名孤儿无人认领，徐世昌便与前清皇室内务府商量，将皇家静宜园拨给熊希龄和时任慈幼局局长的英敛之，营建慈善学校。

《大公报》第一期报头

英敛之曾有诗云："献身甘作万矢的，著论求为百世师。誓起民权移旧俗，更研哲理牖新知。十年以后当思我，举国犹狂欲语谁？世界无穷愿无尽，海天辽阔立多时。"正是他对自己和《大公报》的希望。

1926年初，英敛之与世长辞，享年50岁。

王郅隆控制的《大公报》

其实，在英敛之最后与《大公报》发生联系的前一年，这份报纸已经彻底改姓，成为名噪一时的政党报纸。

1916年6月7日，即袁世凯死后第二天，副总统黎元洪根据法律，继任总统。他在北京东厂胡同的家中，举行了简单的总统继任仪式，出席者仅有总理段祺瑞和内阁成员。那是个沉闷的夏日，胡同两端的出口处停放着十多辆汽车和马车,黎宅门前挂着两面中华民国的五色国旗,而整个中国一切如旧,看不出任何的履新气象。黎元洪由副总统继任总统,但实权却掌握在总理段祺瑞手中。开始,大家都认为这两个人可以紧密合作,但没过多久,黎、段之间就斗得死去活来。

1916年秋天,在段祺瑞的亲信徐树铮支持下,安徽军阀和巨商倪嗣冲出资三万元,与原股东之一王郅隆一起收购了《大公报》全部股权,王出任董事长。徐树铮是段祺瑞的近臣,鼓励王郅隆接手《大公报》,自然是要让《大公报》助段祺瑞一臂之力,充当国务院的喉舌。于是,《大公报》转入短暂的政党报纸时期。

控制《大公报》后,王郅隆抛弃英敛之不为任何党派作宣传的信条,开始为安福系鼓吹。安福系是北洋皖系军阀的政客集团,出现在1917年,段祺瑞的亲信王揖唐和徐树铮等是其中的骨干人物。他们组织松散,没有纲领,也无领导,因常聚集在北京宣武门内安福胡同的一所房舍里,讨论政治、吃喝玩乐,因此被称为"安福俱乐部"。在段祺瑞当政期间,他们在政治上有很大影响。

王郅隆并不直接参与报社的事务,在王揖唐建议下,他聘来与安福系关系一度密切的胡政之做《大公报》经理兼主笔。

《大公报》引来胡政之

胡政之,1889年生于四川成都,与张季鸾有相似的人生经历。幼年时,胡政之随做知县的父亲游宦于安徽,先读私塾,打下了深厚的古文功底。后入安徽省高等学堂,经常阅读《申报》、《苏报》、《新民丛报》等。在安徽求学,使他接触了近代西方社会思潮以及先进的自然科学观。1906年他父亲因病去世,胡政之扶柩回川。

次年,胡政之用嫂子一副金镯的资助,自费到日本勤工俭学,入声名显赫的东京帝国大学学习法律,在这里,他刻苦攻读,至少通晓了三四种外语。

四年后胡政之回到上海,经过在几
个大学短暂的教学生活后,1912年进
章太炎任社长的《大共和日报》任日文
翻译,期间组建过民立图书公司,还在
江苏淮阴做过江苏高等法院第二分院
的刑庭庭长。1913年受聘任《大共和
日报》总编辑,并在中国公学兼法律
教员。

胡政之

胡一生经历很丰富,从事过教师、
翻译、法官、编辑、记者等多项职业,在
政界和报界都有一定的基础。1916年
随王揖唐到北京,出任北洋政府内务部
参事,进入政坛。由于这层关系,他与皖系官员相识甚多,与安福系颇
为靠近。但他后来对政治失望,不愿沉浮宦海,投身报界,认真地做起
了报人。1916年,再经王揖唐举荐,胡政之到《大公报》出任总编辑,其
新闻才能第一次得到展示。

胡政之个子矮胖,方脸上戴着一副度数很高的近视镜。他为人和
善,处事精明,决断果敢,从不拖泥带水,一生为新闻事业奋斗,61岁即
长别于世。

他主持《大公报》馆务后不久,即开始全面实现其办报理想。那时
的《大公报》和十四年前英敛之创办时一样,说是报纸,但样式上却里里
外外一本书,其中每个版面的文字都是整版直排。为了让它更像报纸,
胡政之把版面分成上下两栏,两栏分别加上边框,栏和栏之间留一条空
白,如果对折,仍可以装订成书。两个月后,胡政之仍觉不满意,于是再
度进行版式改革,把每版两栏分为四栏,栏和栏之间不再留白。1917年
初,《大公报》终于从四栏增改为六栏,从书的模样变成十足的报纸。

天津《大公报》报馆

另外他还提出了以"改良新闻记事"为基础,重视采访报道,要求尽量少用通讯社的稿件,反对摘抄、转载其他报纸的新闻,而要求记者亲自去新闻现场采访。他在1917年的元旦寄语——《本报之新希望》中说:"顾吾以为,新闻事业之天职有二:一在报道真确公正之新闻,一在铸造稳健切实之舆论。而二者相较,前者尤甚,盖新闻不真确、不公正,则稳健切实之舆论无所根据也。"

1917年天津水灾、张勋复辟等重大事件,胡政之主持的《大公报》都作了详尽报道,使该报言论、记事,翕合人心,声誉日隆,销量大增。

1918年9月,胡政之亲赴"北满"(东北)采访,写成十三篇系列报道,使关内国人对于具有重要军事政治地位的东北有所了解。这些通讯,描摹生动,不论大事小事,均言之有物,绝无空洞的感慨和无谓的形容,体现了现代记者客观求实的职业精神。

胡政之早期的一系列采访活动,尤以对巴黎和会的报道最为出彩。1919年,处理第一次世界大战战后利益分配问题的巴黎和会召开,中国以战胜方身份参会。对于这一重大国际事件,胡政之得到安福系核心人物王揖唐的资助,代表《大公报》到会采访,成为巴黎和会上重要的中国新闻记者。

王揖唐(左)

胡政之关于巴黎和会的报道,全面、详细、生动、深刻地反映了和会召开的过程和幕后故事。如介绍中国代表团成员特点、工作无序混乱的:

> 我国政府所派五专使,固极一时外交人才之选,然陆征祥谦谨和平而拙于才断,王正廷恂恂无华而远于事实,顾维钧才调颇优而气骄量狭,施肇基资格虽老而性情乖乱,魏宸组口才虽有而欠缺条理。
>
> ······
>
> 予尝谓中国人办事,两人共事必闹意见,三人共事必生党派,即如今次五专使奉命来法,受政府之重托,为人民所属望,宜可和衷共济为国效劳矣。乃暗潮迭起,卒令陆子欣氏不得已而出于辞职,斯真可谓太息痛恨者也。······岳(即岳昭燏,原为民国驻法国使馆秘书,巴黎和会中任中国代表团秘书长)通法文,惟其所操之法语,则除彼自身外殆无人能解之,盖其发音甚坏也。岳办事极紊乱,甚至用五专使名义发出之电报而五专使均未曾过目,有时秘书拟电意与专使所指述者相左,而亦昧昧发出,殆至察觉又去电更正。诸如此类笑话百出,要之一乱字可以尽之。以是各专使啧有烦言,陆子欣用人不力,固无所辞其责。和会代表席次问题发生,而轩然大波起矣。先是陆使道出美国邀王正廷同行,许以第二席之专使,到法后见施肇基,又许以第三席之专使,已照此通告和会

矣。讵政府明令发表,竟以顾维钧置第二,王正廷第三,施肇基第四,而和会中中国又仅能有两代表,陆见政府所发表与自身向王、施所预约不符,匿命令不以示人,然此事岂可终秘者?施不愿居顾下,又不欲独持异议,则嗾顾维钧问陆何以开送和会之代表名单与政府任命专使之明令位次不同……

更有详细介绍和会召开情形的报道及顾维钧向和会提交的中国对青岛问题主张的原件。

巴黎和会开会情景

其实,当时《大公报》上刊载的"特约路透电"和"北京特约通信",时效都要比胡政之发回的巴黎专电快,但胡的报道却独树一帜,赢得了很高的声誉。这是因为,路透社的稿件是外国人的视角,体现不了中国人的关切;而北京来的政府内部消息又完全不是记者的报道,无法满足读者的需求。如胡在报道中从中国人的角度审视各国使节的细节就很能吸引读者:

威氏(指美国总统威尔逊)演说声调之优美、态度之殷挚、炼句之精警,实为予生平第一次所闻。方其演说之要点处,目光四射于听众,若见听者未大动容,则以下续发警句必使听者之精神为所吸动而后已。当威氏演说时,全场肃然静听,克列们梭、路易乔治两氏以手支颐、目视威氏不稍息。及其语毕,新闻记者席中忽有一人拍掌,此本非会场所许者,其人盖忘其所以而如此,亦足见威氏口才感人深矣。继威氏而演说者为英相乔治,其人短而肥,貌似中国梁士诒氏,所说不外赞成威氏意见,特其态度辞句多激昂悲愤之观而已。嗣则法意诸代表先后为赞成之演说,我国陆专使征祥亦手执原稿朗诵中国赞成之意,旁听席中颇有人赞其法语之纯熟者。随即有比国代表外交总长玄蒙氏起立,谓诸君议论均极是,惟办法究当如何,因责难以十九国选五代表办法之非是。继之者有塞尔维亚、波兰、希腊诸代表赞成比代表之说,要求各派代表加入分会,我国陆专使亦起立发言,主张凡一问题有关系各国,得随时派员赴各分会发表意见。诸人语毕,主席起而致答,克列们梭以七十八岁之老人语气,态度强毅无与伦比,其人面貌极类袁世凯,法人有以法国袁世凯称之者,以其行事专制也。克氏答辞强横异常,意谓与德国战争者胥五强之力,今兹因有组织国际大同盟之思想,故多招各小邦到会,否则一切经由五强决之可也。又曰方今协约军之在前线者尚有十二兆人,和议亟应早成,若人多讨论必多延时日,妨碍进行,好在五强已有委员十人,各小国即不必推举代表,亦与分会办法无碍云云,态度坚决,比代表数次与争,几类口角,最后,克氏硬行宣告闭会,强国专制之实况竟得亲见之,发予深省不少矣,特告读者知,国之不可不自强也。

颇有意思的是,在这组报道中,胡还不客气地批评作为中国"专使"的顾维钧"争席斗气":"代表中有因王正廷代表南方地位特别劝顾让第二席于王者,顾大愤,宣言辞职,一面束装做欲行状,后由驻法军事委员团长唐在礼氏居中调停,其告顾曰:'政府以公名置第二,则其重视公也可知,今公若顾全大局退居第三,则人益将服公之让德。'顾初不省,最

顾维钧

后几经劝说始允退让,由陆申京请更正命令,事寝息矣。"(在顾晚年的回忆录中,则记载完全不同,他是委曲求全、顾全大局,再三推辞的)但经过"和会",胡政之和顾维钧建立了深厚的友谊,胡政之晚年丧偶续娶顾的侄女顾俊琦,成了顾的侄女婿。

巴黎和会结束后,胡政之并没有急于回国,他抓住这一次走出国门、与西方接触的有利时机,去英国、法国、比利时、瑞士等国考察政治、经济一年之久,写了许多旅游通讯、风貌通讯,也是别有一番风味。

巴黎和会的报道使胡政之在业界名声突起,亲历了国际重大事件的采访,直接接触外国报纸和通讯社,这些经验成为他日后在报界大展宏图的宝贵财富。然而,正当胡政之由巴黎回到天津,准备大干一场,再次改造《大公报》时,中国又陷入动荡。直皖战争中,段祺瑞和"安福系"被打得大败,王郅隆被列为"安福十凶"遭通缉,逃亡日本。《大公报》声名扫地,胡政之只得辞去经理职务。此后,《大公报》结束了与安福系短暂的关系,重又恢复不为任何政党服务的宗旨。不过,报纸所有权一直在王郅隆父子手上,王郅隆在东京鞭长莫及,无力经营,致使《大公报》惨淡度日,销量再次锐减,直跌到每天只印十几份。王郅隆在东京大地震中意外死亡后,《大公报》于1925年冬天被迫停刊。

匆匆离开天津的胡政之,转至北京,到林白水主持的《新社会报》任总编辑,不久因与林思想性格不合而离去。1921年,他南下至沪,进入国闻通讯社,国闻通讯社与安福系有密切关系。在1920年直皖战争中

《国闻报》

失败的安福系为了东山再起，就与南方的国民政府和北方的奉系军阀结成一个临时性的反直联盟，中心设在上海。为了政治斗争的需要，决定成立一个宣传机构，于是国闻通讯社应运而生。因为通讯社的主要经济来源是浙江军阀卢永祥，因此主持人是卢的亲信石小川，安福系的中意人选胡政之只负责编辑部的工作。为了扩大业务，他先后在北京、汉口设立分社。但通讯社只能发新闻稿，因此1924年8月又创办《国闻周报》，作为通讯社的附属机构，以便能发表言论。1924年9月，因为卢永祥在江浙战争（卢永祥与江苏督军齐燮元因争夺上海发动的战争）中失败，国闻通讯社失去经济来源，石小川等卢的人员纷纷离去，胡于是完全掌握了国闻通讯社和周报。

但国闻通讯社也因为失掉资金来源，难以为继。在行将关闭的时候，受到当时金融巨头吴鼎昌的支持，每月资助四百元，他自己则以金融家的身份发表点文章。这样国闻通讯社可以维持下去了，不过作过日报工作的胡政之明白真正有影响的媒体还是日报。

同样处于人生低谷的张季鸾和胡政之将眼光投向了已停刊的《大公报》。若能恢复《大公报》，彼此就都有用武之地了。办一张像样的大报，自由自在地发表言论，传布新闻——这样的梦做过多少回啊！不缺才华，也不愁没有同道，可资金从何而来呢？他们又想到了吴鼎昌。

吴鼎昌出资重建《大公报》

吴鼎昌算是胡政之的半个老乡，1884 年出生在四川。吴家是官宦世家，吴鼎昌本人也是清末秀才，1903 年考取四川官费留学日本，先入日本陆军预备学校成城学校三年肄业，后进东京高等商业学校，1905 年加入同盟会，在日本留学时与胡政之认识。1910 年回国，通过大清政府为留学归国人员特设的"科举考试"，成为"青年才俊"。1911 年出任大清银行总务科长，未几民国成立，大清银行改为中国银行，被任命为正监督，后一直在金融界任职，当过天津造币厂厂长和盐业银行经理。1916 年段祺瑞初度组阁，任徐树铮为秘书长，提吴鼎昌为国务院参议，自此与徐相识。1918 年 3 月，段祺瑞三度组阁，经徐力荐，吴鼎昌出任财政部次长。1919 年南北议和时，代表安福系的中坚力量，往来南北，

吴鼎昌

从中斡旋，但因双方差距太大，和谈终于破裂。1920 年 7 月直皖战争后，段氏失败下野，徐树铮被通缉。10 月，吴鼎昌的财政次长也被免掉。此后，政治失意的他只能以金融界巨头的面目出现了。

吴鼎昌有个信条："政治资本有三个法宝：一是银行，二是报纸，三是学校，缺一不可。"对办报，他不仅兴趣浓厚，而且见解也高人一等。张季鸾曾说"达诠于新闻事业，见解

独卓,兴趣亦厚,以为须有独立资本,集中人才,全力为之,方可成功"。

所以他曾有个心愿,"拿五万元开一个报馆,准备赔光,不拉政治关系,不收外股。请一位总经理和一位总编辑,每人月薪三百元,预备好这两个人三年的薪水,叫他们不兼其他职务,不拿其他的钱"。在他看来,"不拉政治关系"和"不拿津贴"应该是报纸长久发展的基础。其实这个观念对中国报纸的发展至关重要,只是由一个政客提出,而不是由我们的报人提出,显示出中国报业此时的不成熟和依附性。

值得注意的是,吴鼎昌一生对这一原则是很坚持的。1935 年,他出任国民党实业部部长,主动辞掉《大公报》社长职务,以保持报纸的政治独立性。1944 年 6 月 4 日,他对重庆《大公报》员工说:"我们办报是为新闻的——我们办的这张报纸是毫无目标,如果说有目标的话,那就是为新闻而新闻,要真心做人民的喉舌。我们不是为了某种利益而办报,更不是为了某一派别而办报,也绝不为某一个人而办报,我们是为了人民全体的利益而办报。"

因此可以说,新记《大公报》续刊基本上是按照这个思路进行的。这一思路也得到胡政之、张季鸾的衷心拥护和赞赏。胡政之在之前办报中,也长期接受段祺瑞内阁的财政次长、总长李思浩的津贴,李曾说过那时"要结交几个新闻界的朋友,也要应付一般新闻界的需索,给他们一点津贴。在朋友中,胡政之和段芝泉、徐树铮关系很深,和我们都很熟,自非一般可比,可以说是我们团体中的一员。除《大公报》(由王郅隆出面主办时期),以及胡后来办的《新社会报》要给相当数目的资助外,对胡本人,我记得在我当财部总、次长的几年间,每月送他三四百元,从未间断过"。张季鸾虽然没有见到这样的记录,但相信也不会拒绝普遍存在的"善意馈赠"。他们对这种现象造成的言论不自由的后果当然是深有感受的,因此没有任何异议,一致确立了如下五条原则:

（一）资金。由吴鼎昌一人筹借，不向任何方面募款。吴鼎昌认为，民国以来，一般报馆办不好，主要是因为资本不足，滥拉政治关系，拿政客的津贴，政局一有波动，报就垮了。所以，办报首先就要自筹足够的资金。吴鼎昌于是商量于"四行储备会"，从"经济研究经费"中筹措了五万元资金，给《大公报》用，若经营得好，继续扩展事业，若经营不好，关门了事，不以盈利为目的。

（二）待遇。三人专心办报，三年之内不得担任有俸给的公职。既做报人，就要专心办报，把报纸当作事业来做。为保证胡政之、张季鸾专心办报，吴鼎昌提议，自己有资产，不在报馆支薪水，胡、张每人每月领取薪水三百元。

（三）企业性质。《大公报》是股份公司性质。吴鼎昌募集资金，胡政之和张季鸾虽不出钱，但以劳力入股，每届年终，由报馆送给相当股额的股票。公司的名字叫"《大公报》新记公司"。

（四）职务分工。根据各人所长，三人职务分配如下：吴鼎昌任社长，胡政之任经理兼副总编辑，张季鸾任总编辑兼副经理。

（五）言论。三人共组社评委员会研究时事问题，商榷意见，决定主张，文字分担。如有不同意见，服从多数，若三人各不相同，由张季鸾决定。

这五条，用胡政之的话说，"简直就是我们创业时的宪法，一直被我们供奉着"。

这五条其实也是中国报纸独立发展的肇始，是中国报人独立意识的开始。胡政之曾说过，当时国人办报的方法通常有两种：一种是政治报纸，为一党一派作宣传鼓动，没有把报纸本身当成一种事业，等到宣传目的达到，报纸也就跟着衰竭了；另一种是商业报纸，不问政治，只做生意经上的打算。只有我们接办《大公报》，才能为中国报业开辟一条新路。

胡政之没费什么口舌，便从王郅隆儿子王景衍那里，用一万元买下《大公报》。接着胡政之又找到原来报社的副经理王佩之，聘请他继续作副总经理，并通过他召集原《大公报》工厂人员重回岗位。

　　《大公报》凤凰涅槃，展翅高飞，真的为中国报业开辟了一条新路。

第二部分
张季鸾与新记《大公报》

一、天津时期的新记《大公报》

新记《大公报》首倡"四不主义"

1926年9月1日,《大公报》以全新姿态复刊,只是老报头上有如下新注:"本馆创始自前清光绪二十八年,即西历一千九百零二年。"当日署号为"8316号",显示悠久历史。续刊号出两大张八版,第一版上半部为大字刊登的《本报启事》《大公报续刊辞》以及张季鸾署名"记者"的《本社同人之志趣》。第二版为要闻版,在《两湖战事牵动东南》的大标题下,编发九篇报道,其中有胡政之撰写的《武汉警告中之大局写真》。第二版下和第三版上为国内外短讯,下为广告。第四版为《经济与商情》专版。第五版为广告专版;第六版为各地通讯;第七版上为"本埠新闻",下为广告;第八版上为文艺副刊,下为广告。

在《本社同人之志趣》中,《大公报》宣布"不党、不卖、不私、不盲",被国人称之为"四不主义"。

其中"不党",即"纯以公民的地位发表意见,此外无成见、无背景,

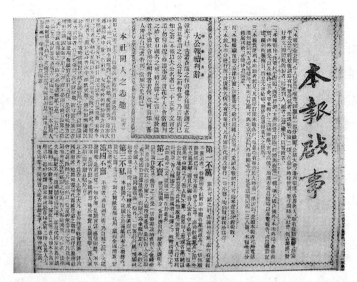

1926年9月1日,新记《大公报》创办,宣布四不主义

凡其行为利于国者拥护之,其害国者纠弹之";

"不卖",即"声明不以言论作交易,不受一切带有政治性质之金钱辅助,且不接收政治方面之入股投资,是以吾人之言论或不免囿于智识及感情而断不为金钱所左右";

"不私",即"本社同人除愿忠于报纸固有之职务外并无他图,易言之,对于报纸并无私用而愿向全国开放,使为公众喉舌";

"不盲",即"随声附和是谓盲从、一知半解是为盲信、感情所动不事详求是谓盲动、评诋激烈昧于事实是谓盲争,吾人诚不明而不愿陷于盲"。

"四不主义"的精髓即文人论政,不受约束。《大公报》言论独立,不依靠任何财阀,不依靠任何政党,这正是《大公报》取信于民的全部秘密。

"四不主义"的提出,第一次表明中国职业报人独立意识的觉醒,是中国报纸摆脱政党报刊,跳出纯粹商业目的,进入更高的独立报纸阶段,是中国报业现代化过程中重要的里程碑。

但社会却没有为《大公报》提供一个温和的舆论环境,这"四不主义"能坚持住吗?1926年春天,张作霖父子和张宗昌联合进京,把临时执政段祺瑞赶出历史舞台。4月和8月被杀的著名记者邵飘萍和林白水的冤魂还未散。而且邵飘萍是张季鸾的莫逆之交,张季鸾曾将自己去日本报社工作的珍贵机会转让给困境中的邵飘萍,林白水曾是胡政之的同事,共同主持过《新社会报》。这些不堪回首的往事恰恰发生在《大公报》复刊前夕,对《大公报》同仁来说,当时的政治形势不能不说是一个严峻的考验。

团结、合作、勤俭的《大公报》人

在全新的面貌下,"大公报"三个字的隶书报头,却和二十年前一样,仍出自金石功底深厚的刻字工人崔永超之手。自英敛之时代,崔永超就是《大公报》的刻字工,每天都在印刷厂雕刻着大号题目和字模盘上没有的汉字,把一辈子献给了《大公报》。

当时编辑部里只有张季鸾、何心冷和杜协民三人,何心冷负责本市新闻、副刊兼采访部主任,此人头脑清晰、思维敏捷、文笔极佳,而且记忆力很好,采访不用笔记,回去后一挥而就;杜协民毕业于南开,在报馆里负责经济新闻与体育新闻。

创业初期,除了天津总部外,还设立了北京、上海两个办事处。胡政之的两个老部下金诚夫、李子宽分任两处经理。他们俩与王佩之、何心冷和杜协民一起被称为《大公报》"开国五虎大将"。

接办《大公报》伊始,条件十分艰苦。吴、张、胡筚路蓝缕,各尽职守,以只许成功的决心,专心致志办报,为这份事业打下了坚实的基础。有关《大公报》的很多研究成果都引用了以下的说法:

吴鼎昌白天在盐业银行工作,晚间到报馆同胡政之、张季鸾议论时局,研究社评。在报馆业务方面,他主要掌握经营方针和购买纸张。当时印报都用进口纸，价格随外汇行情起落，就像股市波动一样变幻莫测，一时算计不到，辛辛苦苦办报赚来的钱就会贴进去。幸而吴鼎昌是著名的金融专家，善于筹划，资金运营得当，使《大公报》免遭这方面的危险。《大公报》何时向银行结汇，这种事情在吴鼎昌那里是小事一桩，但这个小事对《大公报》来讲却是经营上的大事，可以为报馆节约宝贵资金。

胡政之每天清早七八点钟便到报馆，着重了解发行和广告情况，阅读报纸，中午和经理部同仁一同就餐，午间稍事休息，便督促白班和采写人员进行工作。到下午三时，规定夜班编辑集中阅报，他习惯把好的新闻用红笔圈出，供编辑记者参考。晚上与吴鼎昌、张季鸾研究社务、言论以及分担社评写作。他每周写两篇社评，有时还写新闻。周末，他还去北京采写新闻，指导办事处的工作。

张季鸾主要忙于编辑工作。他每晚都到编辑部当班，经常工作到第二天早晨两三点钟，有时要熬到天亮。他到班后，首先评比京津各报短长，对本报的好稿给予表扬，漏掉的重要消息或较他报逊色的稿件，提醒当事人注意。他把各地寄来的电稿剪裁分类，次要的关照编辑如何处理，重要新闻留待他自己制作标题。重要版面的大小样，他都仔细审阅，有时还要重写标题。

三人互相配合，竭诚合作。当时也有人认为文人相轻，《大公报》必不长久。后来胡政之回忆说：

中国人向来最不容易合作，而"文人相轻"，尤为"自古已然"；吴、张两位同我都是各有个性，都可说是文人；当结合之初，许多朋友都认为未必能够长久水乳，但是我们合作了多年，精诚友爱，出乎通常交谊，所以然者，各人都能尊重个性，也能发挥个性。吴先生长于计画，我们每有重大兴革，一定要尽量地问他的意见。我是负责经营，张先生绝对地信赖我，让我能够事权统一，放手办事。

张先生长于交际,思想与文字都好,我们也都是尽量让他发挥他的能力。这样在互相尊重的中间,所以在二十年间,才能够由一个地方报办成一个全国性的报,而且在国际上多少得到一点地位。这都不是偶然侥幸的。

《大公报》秉承勤俭办报的原则,也是它成功的基础。与上海的商业报纸相比,《大公报》报馆一直比较简陋,这和胡政之的经营思想有关,其子胡济生曾说他"受日本明治维新后勤俭办企业的精神影响颇深"。的确,直到1935年报社发展已经很好时,馆舍也依旧简陋。那年是北大毕业生萧乾第一次到报馆上班,他回忆道:我想像中的《大公报》报馆是一座高大楼房,里面一个个房间门外都挂着什么什么版的牌子。万没想这家大报馆竟然那么简陋!编辑部在二楼,只是个长长的统间,一排排地摆了五排三屉桌。编辑部里这时正弥漫着浓烟,到处还飞着煤屑,原来它的正对面是法租界的发电厂,报馆就在发电厂那高大烟囱的阴影下。整个报馆霉湿、拥挤,泛着机器房的臭气。宿舍是个方形房间,正好每个角落放一张床,中间一张公用书桌。凌晨,我被连续不停的隆隆巨响吵醒了,连睡的木板床也被震得晃悠起来。这就是创办快十年的《大公报》报馆。

但条件的简陋没有影响《大公报》人办报的热情和报馆上下的和谐,报社业务蒸蒸日上。新记《大公报》起初发行不足两千份,没有广告,于是就派人去抄各大戏院的戏牌,免费刊登在报纸上,后按月收少数款项,广告收入仅两百元左右。那时月支出不满六千元,每月亏损达三四千元。到第二年5月份,发行上升到六千多份,广告就多起来,即达到了收支平衡。1927年年底时,发行数已达一万两千余份,广告收入达每月三千两百元,开始有了盈利。到1936年,新记公司积累资本为五十万元,与1926年吴鼎昌个人投资五万元相比,增加了九倍。从此,就有力量充实人员,更新工厂设备,一切都步上了正轨。

天津时期的报道内容

我们已经了解了9月1日复刊第一天《大公报》的版面安排和重要内容,创办初期的《大公报》基本与第一天一致,日出两大张八版。计版方式如西方报纸,版面按照从一到八,顺次排序,并没有仿当时报纸"第一张"、"第二张"这样的排序方式,比较醒目。其中第一版为广告和社评,第二、三、四版为各种新闻,并兼排广告,特别是第四版的经济专版——原名《经济与商情》,自10月1日起改为《经济新闻》,主要用特小字号刊登金融、汇市、公债等的涨跌行情,以及主要进出口货物品种如棉、布、金、煤油、面粉等在各交易市场的行情。虽然该版内容没有同期上海《申报》等大报详细,但在天津也算比较有特色,显示出《大公报》对经济问题的重视——当时天津另一家著名报纸《益世报》上就没有专门的经济专版。

与同期报纸相比,《大公报》的特点体现在以下几个方面:首先在版面安排上,突出言论和新闻的重要地位。社评和论评一定置于最优位置——头版头条处;而当时一般报纸采用的编排手段均是头版全部为广告,在一些商业发达的地区,广告甚至要全部占满第一张的四个版面,乃至第二张的两个版面,这些广告被称为"评前广告",地位显著而价格较贵,然后才是社评及要闻。《大公报》与众不同的编排,显示出言论在该报的核心地位,而且在社评的数量上也独占鳌头,一般竟有两三篇之多,且篇篇内容充实,立论有据,不作无病之呻吟;重要观点则用粗体大号字印出,极为醒目。其次,在报头下的次黄金位置,不安排广告,而是刊出当日的"出行一览"表,刊登"京奉"(北京—沈阳)、"津浦"(天津—浦口)、"沪宁"(上海—南京)铁路车次和轮船进出天津的班次等公共信息。最后在编排上,版面活泼,字体多样,整齐严谨,图片较少,显示了言论大报的风范。总之,《大公报》一出版,就给人以耳目一新的印象。这主要是张季鸾和胡政之参考了日本《朝日新闻》等报纸,采用综合编辑法,精心安排的。

张季鸾主要负责报纸的新闻和言论,他曾说过,我的注意力只花在第一张(即言论和要闻版)上,自己看了觉得还可以,以下各版就不足观了。而胡政之则对报纸的整体做全面管理,不仅负责报纸的经营,也要做采访、写评论。因此曾任《大公报》日文翻译的李纯青后来说,胡政之对《大公报》的贡献一点不比张季鸾小,甚至比他还大。笔者也如此认为,如果说张季鸾给了《大公报》灵魂和精神,那么胡政之则塑造了《大公报》的肉体。没有健康运行的肉体,灵魂将失去载体。但如果只有健康的身体,而没有杰出的灵魂,也不会被历史铭记。

言论是刚刚恢复的《大公报》非常重要的部分,也是1949年以前《大公报》最为人瞩目的内容,我们将在下一节详细解读。除了言论,刚诞生的《大公报》的主要内容还有以下几方面。

新闻 虽然创刊初期的《大公报》只有八个版,但新闻所占比重却很高,集中在四个版面上,其中国内新闻占了两个整版。编排和字体上与广告有明显区分,绝没有其他报纸上被广告割得七零八落的感觉,且重要信息用大号字体突显出来,十分明晰。有时还配有照片,长短新闻错落有致。使用的铅字也大小多样,使版面显得特别的灵活醒目。报纸新闻的绝对数量虽没有同期《申报》、《时报》、《益世报》等多,但《大公报》在新闻的选择上却很用心,多为自己采制的独家新闻,标题制作独具匠心,因此颇有新意。1926年9月1日的《大公报》二版新闻中,十一条为本报专电、特讯和通讯,还有一条为国闻特讯。独家新闻和实地调查确实为报纸赢得了声誉。

1926年《大公报》续刊之初,其附属的国闻通讯社已在北京、上海、武汉、沈阳、哈尔滨等地建立分社。1928年国民政府建都南京之后,《大公报》特在南京设办事处,金诚夫、曹谷冰先后任驻南京特派员,另外还有特约通讯员。我国著名报人、中国新闻史研究的开拓者戈公振当年曾指出:若各通讯社同日停止送稿,则各报虽不交白卷,至少必须缩成一版。《大公报》依靠自己的力量,建立了一个覆盖面广、机动性强、反应敏捷的记者、特派员、通讯员网络,地方通讯和本埠新闻完全为本报记者和通讯员采写。要闻版两个整版的新闻,本报专电和通讯占一半以上。有一个时期要闻版完全用自己的专电,不用外稿,不能不说是巨大进步。

《大公报》的旅行通讯也很有特色,辅有少量摄影图片、绘画写生,比文字报道更真切动人。

图片、摄影报道 在20世纪20年代后期的中国报纸上,摄影照片不是稀罕之物,摄影技术的普及,摄影记者的增多,各大报馆铜版部的建立,摄影通讯社的出现,都为报纸的图片报道提供了有利条件。有的报纸应用得比较普遍,但《大公报》在这方面没有太大建树,图片运用很少。翻开整个版面,图片最多的就是广告版,多用漫画而非照片,尤其是用年轻女子来推销香烟、布匹之类的东西,这或许与北方经济不如南方发达有关。新闻版使用的少量照片,也多是当时一些大人物的肖像,少有现场图片报道。不过,《大公报》每谈战事,必会附一张当时的时局图,这是十分独特的。

当时,天津是全国照相业发展的重地之一。《大公报》没有利用外界条件,重视摄影报道,主要原因在于早期的《大公报》以文字报道为主,尤注重政治新闻,不注重社会新闻,因此对与社会新闻联系比较多的摄影图片也不是很重视。报馆不设专职摄影记者,报上刊登的少量照片,多是文字记者兼拍,或是从社外组织来的。

有个例子可以印证以上观点,就是同时期的《国闻周报》上新闻照片很多,那时《国闻周报》和国闻通讯社都隶属《大公报》。看来《大公报》并不是没有力量使用照片,而是没有将照片视为报纸的重要内容。这和西方的高级报纸有相似的地方。西方报业一般分为高级报纸和大

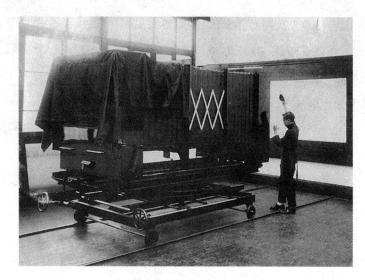

照相制版

众化报纸，如英国、美国，都是这样。高级报纸和大众化报纸最大的区别有：前者图片少而精，后者喜用大幅照片；前者篇幅大，注重评论，而后者篇幅小，注重新闻，尤其是社会新闻；前者的读者多为政界、知识界等高级人士，后者多面向普通大众、社会底层人士等。像美国著名的《华尔街日报》到2006年初为止头版上还基本不登照片，且使用传统的直惯纵分六栏式编排，一如它刚刚创办时一样，坚持独特的传统魅力。因此图片在历史上并没有如现在这样普遍应用在所有的报纸上，一些高级报纸，尤以言论著称的报纸有意不多使用图片，而突显文字对报纸的重要性和突出效果。解放前的《大公报》对图片不甚重视，固然有技术、资金等各方面的原因，但报纸的风格和定位也是决定报纸图片使用不多的重要原因。

副刊 《大公报》自1926年续刊之日，便开辟了综合性文艺副刊《艺林》，设在第八版，由何心冷主编。他在《我们说些什么》中，谈到《艺林》的内容时说："除掉长篇小说、短篇小说和有趣的诗词、笔记、戏剧电影的批评、奇奇怪怪的消息外，还加些流行的时装，或是社会写真。""国家大事固然要说，即使里巷间的歪事，免不了说上几句。这么着，读者看了觉得报纸的确和自身有密切关系，也就是我们说的也觉得有些意思，不至于白费了"。

一个月后，应读者要求，副刊由半版改为一版。

3月7日，又创办了《铜锣》，它和《艺林》一样都是综合性副刊。1928年元旦，两个副刊合并为《小公园》。

《大公报》副刊《小公园》

除此之外，《大公报》还创办了很多专门性副刊，如《白雪》、《家庭与妇女》、《电影》、《戏剧》、《儿童》、《文学副刊》、《体育》、《艺术周刊》，这些专业性副刊比较注重知识性和大众性，内容也比较健康，显示了高级报纸的秉性。

天津时期的社评

天津时期《大公报》，或者说在《大公报》的整个历史中，最受瞩目的就是它的言论。虽然为《大公报》写言论的人很多，早期有胡政之、吴鼎昌,后来有王芸生、徐铸成、李纯青、曹谷冰等,甚至香港版创办后进馆时间不长的梁厚甫也写过社评,但其灵魂人物还是张季鸾。从表面上看,写言论只是报社日常工作之一,但它必须反映《大公报》对时局的态度,表达它所代表的文人立场。早期的社评不论谁写,题目都是大家一起商定,完稿后,张季鸾必须亲自过目,修改。抗战后的《大公报》因为分不同的分馆出版,因此社评撰稿人较多,但条件允许,张季鸾或者王芸生等也要过目并修改。

《大公报》的社评一般在重大新闻刊出的当日配合发表,有些在次日刊出,很少有拖到第三天的。即使在情况不甚清楚时,《大公报》也不回避,而是根据前因后果,并选择一个较为有利的立足点,作出分析解释。特别是由张季鸾执笔写的社评,虽是文言文,但是通俗易懂,简练漂亮,笔锋带有感情,深受读者欢迎。但由于《大公报》主张"事业前进,个人后退"原则,发表社评不署名,再加上大家都在模仿张季鸾的笔调和风格,使得后人很难甄别出张季鸾在《大公报》上发表的所有社评。

张季鸾在《大公报》主持笔政十五年,其中经历了北伐战争、共产党在中国的被镇压和发展壮大、共产主义在中国的传播,经历了国家在上世纪二三十年代的发展,也经历了抗日战争、民族危亡的历程。在不同的时期,他都能坚持同样的精神境界。

《大公报》的言论境界,或者说精神理念是"文人论政"、"文章报国"。这个概念出自中国士大夫即中国封建知识分子清议的传统。很多人都认为这是中国旧知识分子的优秀传统,"天听自我民听,天视自我民视",臧否人物,议论时弊,以儒家的原则不断地弹劾往往向法家倾斜的帝王。费正清曾总结说,"中国有过一个强烈而确有感召力的传统,每个儒生都有直言反对坏政府的道义责任"。这一传统不因王朝的更迭而改变,无数人因此不惜殉身。其含义是为官要清正廉洁、爱民如子,做人要明辨是非,直言敢谏,拥护忠臣,反对奸佞,体现了中国古代读书人身上的风骨。

由于张季鸾等都受过很好的国学教育,深受中国士大夫思想影响,因此文人论政是他们办报的出发点之一。同时他们又都是留日学生,受过资产阶级民主自由思想的洗礼,因此也融入了资产阶级民主思想。因此《大公报》的"文人论政"不仅包含中国封建知识分子传统,体现中国近代知识分子的社会责任感和参与意识,也显示了现代报人可贵的职业素养和独立精神,与历史上的言官、御史有所区别。

梁厚甫先生曾对《大公报》的文人办报作过这样的注解:"文人报国有心,回天无计,寄希望于白纸黑字,把内心告诉人家,其内心是正其谊不谋其利,明其道不谋其功。"这段话精确表现了当时社会文人办报的良苦用心。

首先,张季鸾等人的社评关注什么样的题材呢?

《大公报》的社评内容大多是有关时政方面的,紧密联系现实,比如根据政府颁布的法规、命令,领导人发表的讲话,国家发生的重大的内政外交上的事件等发表的言论,其他如外交问题、内战问题、农民和农村问题、中国的现代化建设问题、新闻自由问题、传统文化和精神文明的问题等,也构成《大公报》社评的主要内容。这些都是关系当时中国前途命运的重要问题。

其次,《大公报》社评立论的基础是什么呢? 也就是说出发点、立场如何呢?

应该说是自由资本主义的立场。《大公报》第一次明确表达政治理想是在1928年元旦发表的《岁首之辞》上,"夫中国改革既有绝对之必要,而改革之大义曰解放创造,非复古,亦非俄化,则大体之国是可定矣。此无他,对内厉行民主政治,提倡国民经济,采欧美宪政之长,而去其资本家专制之短;大兴教育以唤醒民众,争回税权以发达产业;对内务求长治久安之规模,对外必摆脱不平等条约之束缚"。他们认为悲观没有道理，复古没有出路，学习苏联只会败坏国家，正确的路应该是效仿欧美宪政，建立自由资本主义。但支持学习资本主义的宪政之长，如民主、自由，而反对资产阶级的专政。这为《大公报》日后的言论立下了一个标准，凡符合民主、自由资本主义就赞同，违背就反对。对国民政府，它一边拥护，一边猛烈抨击它一党专权。对共产党则坚决反对。

九个月后，当年的社庆日，胡政之、张季鸾借机发表《本报续刊二周年之感想》，再次明确立场，"盖本报公共机关也，同人普遍公民也，今后惟当就人民之立场，以拥护和赞成民国政府之建设"。虽然《大公报》发表文章的潜在目的是为了向刚刚建立起来的南京政府表明支持态度，但它提到的"人民立场"并非虚言。一方面它的言论刻意与国民党政府保持距离，经常批评各级政府部门在实际工作中的缺陷和错误，哪怕是拥护政府的决定，也要用自己的语言和理解来表达，并不像政党报纸那样做简单的喉舌，以此表明自己的独立立场；同时也对社会舆论和民众感情保持冷静态度，不人云亦云也不明哲保身，在复杂和激进的环境下，尽量保持冷静和清醒，甚至不惜牺牲销量与"民众"对立。这是最基本的立场。

关于各时期《大公报》的言论，武汉出版社出版的吴廷俊教授的《新记大公报史稿》中作了最详尽的解释，我们结合其他有关张季鸾社评研究的文章，简单作一回顾：

初创的两年　从 1926 年 9 月到 1928 年 9 月，是《大公报》创业的初期，也是中国重新走向统一的时期。

新记《大公报》创办之初，正值北方战事才止，而南北兵戎相见之时，在中国历史上意义重大的"北伐战争"开始了。1926 年 9 月初，北伐军分三路逼近武汉。《大公报》还没有感受到这次战争与以往战争的不同之处，因此并不管谁胜谁负，只是于要闻版头条不停地做着评论和报道。其主旨一为呼吁停战，二为反对"赤化"，三为痛斥旧军阀、赞扬孙中山。

创办初期的新记《大公报》上众多的评论

　　《大公报》复刊第二天,吴鼎昌亲自撰写《战卜》,指出多年以来军阀混战麻木了人们的神经,"近年以来,战事缠绵如故,而人心向背不明。祖刘祖吕,左右皆非;兴楚兴汉,端倪未见"。他反对一切战争,从基本的百姓生存和国家建设角度出发,认为南北谁胜谁败均无好处,最好是立即停火。张季鸾发表评论《劝南北猛省》:"今武汉告警,东南战事又起,岂南北诸将必欲拼尽全国而后快耶?"继而又说:"国民党若以为自己能以武力统一中国,实为大误。他姑不论,革命必练兵,练兵必须外援。外援非也,赤俄是也。然亲俄则遭忌于各国,各国以畏俄而畏国民党,必扶助国民党之反对者。党军虽强,只此一端,已无如之何矣。"呼吁南北"化除陈见,推诚协商",希望双方"悬崖勒马自救救国"。

　　《大公报》关心民计,反对内战,但《大公报》更反对因内战而带来的外来干涉,尤其是苏俄的插手和影响。张季鸾在《嘉使团中立》中,一方面赞扬外国驻北京公使团电令各国驻汉领事,对湘鄂战争严守中立立场,一方面批评苏俄不遵守国际公法。在4日的《回头是岸》中,张正式提出"反对赤化",说孙中山改组国民党后,"国民党之辨明'以党治国',以国际共产党之入党,与夫亲俄色彩之浓,宣传工潮学潮之烈,此皆吾人所反对者"。接下来,吴鼎昌的《注意国内与国际之变化》和张季鸾的《时局杂感》皆对国民党的具体做法进行犀利批评,反对蒋介石继续推行孙文的三大政策。吴鼎昌认为是国民党赤化,才引来了外国干涉。张季鸾指责赤化了的国民党,学来"一党专制"。11 月 22 日再发《汉口制造工潮之危机》,指责北伐军赤化,煽动武汉工潮,破坏生产,而且蛮不讲理。

张季鸾在早期的社评《列宁之死》中,对列宁还是持一种较为客观的评价,对他开创的事业也持肯定,或者说至少是不否定的立场,但为什么反对中国国民党"赤化"呢? 这里我们要深究一下以张季鸾为代表的中国一部分知识分子对苏俄的观点。

首先他们错误地认为得到苏俄的帮助将丧失国家独立和民族自尊。张季鸾在《明耻》中明确表达了这种忧虑,"中国有赤化问题之发生,中国之耻也。民族立国,孰不求独立,求自由平等,以中国之广土众民,苟求之,斯得之矣,何赖他人相助,然而中国之国民运动,乃显受俄罗斯东方政策之影响焉,其耻一"。同时对中国在经济、农工政策诸事上求教苏俄顾问鲍罗廷不满。

他们担心苏俄势力在中国扩张将导致西方列强对中国更深入的侵略。虽然列宁早期提出的"世界革命"思想在他生命的最后几年已发生变化,继任的斯大林也承认社会主义国家和资本主义国家可以和平相处一段时间,但在机会来临时,苏俄还是会支持资本主义国家的工人阶级夺取政权,这是各资本主义国家最为警惕的事情。即使到 1926 年,已经有部分欧洲国家和苏俄签定了贸易往来协议,但苏俄在国际外交舞台上还是被孤立的角色。在张季鸾看来,与这样的国家发展深入关系对当时羸弱的、需要国际特别是西方援助的中国是不利的。他们担心如果国家真正赤化,可能引来国际干预,甚至战争。他们对当时的苏俄定位为"世界的捣蛋鬼"。

第二是认为国民党学习苏俄,导致一党专政。而这与他们秉持的自由资本主义原则相违背。

第三,他们害怕民众的力量,害怕工人运动。他们认为工人运动不仅破坏生产,而且行为过激,也可能导致外国干涉。

再就是苏俄建国建党过程中所走过的弯路,所付出的代价,让中国的知识分子心理难以承受。因此他们非常担心国民党与苏俄的联合,认为学习苏俄不适合当时的中国国情。

随着北伐的进展和时局的变化,《大公报》对于北伐军、国民政府的态度也在发生变化。1926年底,吴鼎昌注意到,南北青年学生大批投效国民革命军,且势头与日俱增。这不仅加强了国民党的力量,而且在某种程度上体现出国民革命已经具有全国性,是"有道伐无道"。《大公报》反对一切战乱的态度,发生了一丝转变,开始探讨国民革命何以得到全国响应,所向披靡。胡政之评论说,"实由人心厌旧,怨毒已深,对于新兴之势力,怀抱一种不可明言之企望",许多具有新思想的人"集中于党军旗帜之下",实因为"北方确有点不能兼容"。他承认,国民党有能力"统率民众、支配民众",革命军"采用俄国式组织之后,全部民党,恍若节制之师。政治上之主张俨成宗教上之信仰,此为国民党胜人之处"。

但总的来说,《大公报》还是对南北以谈判方式结束战争留有期待,体现了部分知识分子对国事的基本主张。1926年底,吴佩孚被北伐军打垮,张作霖率东北军入关,于该年12月在天津就任安国军总司令,直系军阀的政权告终。《大公报》于12月4日发表社评,题为《跌霸》,为吴佩孚政权送终。文章说:"吴佩孚独霸一时,为迷信武力统一之一人。中国之应统一,与统一在有待于武力,夫谁曰不然?"文章又说:"综论吴氏之为人,一言以蔽之,曰有气力而无知识,今则并力无之,但有气耳。"

张作霖就任安国军总司令后,《大公报》客观发表其宣言。张作霖宣布只知救国,"绝无南北新旧之见",这与蒋介石就任北伐军总司令时的宣言如出一辙。蒋介石也曾特意告诉北洋旧军人,只要向义输诚,实行三民主义,即引以为同志,"决无南北畛域之见,更无新旧恩仇之分"。国家分裂中,《大公报》所代表的文人在国家至上思想的指导下,希望两派都能求同存异,和平解决争端。

1927年元旦,《大公报》发表社评,回顾复刊四个月来的表现,认为并未完全实践初衷,因此向读者致歉,并表明今后将继续在立言、新闻、调查民生疾苦、剖析国际大势、准确报道内战情况、力避"宣传"之弊等方面努力。

1927年春天,蒋介石开始"清共"和"分共",张季鸾等虽反对共产党,但更反对蒋介石等滥杀共产党员。4月29日,张季鸾在社评《党祸》中说:"夫新中国之建设,终须赖全国有志青年奋斗,而非自私自利之寄生阶级所能办。则对于各方杀机之开,势不能不大声疾呼,极端抗议。"他认为"青年血气方刚,不论其思想为左倾为右倾,凡能如其主张敢于冒险力行者,概属民族之精英,非投机取巧者可比,轻加杀戮,无异残害民族之精锐,将成为国家之罪人"!在他们看来,共产党和共产主义不符合中国实际,共产革命在资本主义不发达的中国,没有实践的条件。但滥杀共产党和造反工农,对国家不利,因为参加中国共产党的这些青年都是对国家前途有热情的人,都是"有志青年",而新中国的建设最终要依赖这些人的奋斗,而不是"自私自利的寄生阶级",因此"极端抗议"滥杀青年。张季鸾等人承认信仰共产主义的青年才是中国的希望,他们的热情、责任感和对国家、民族的感情是最可贵的精神。而事实的确如此。

1927年冬天,蒋介石宣布与毛氏夫人离婚,与姚、陈两位侍妾解除关系,而与宋美龄结为夫妻。张季鸾随即发表《蒋介石之人生观》,把蒋骂得体无完肤。

离妻再娶,弃妾新婚,皆社会中所偶见,独蒋介石事,诟者最多,以其地位故也。然蒋犹不谨,前日特发表一文,一则谓深信人生若无美满姻缘,一切皆无意味,再则谓确信自今日结婚后,革命工作必有进步,反翘其浅陋无识之言以眩社会。吾人至此,为国民道德计,诚不能不加以相当之批评,俾天下青年知蒋氏人生观之谬误。

蒋介石、宋美龄结婚照

男女,人之大欲也。其事属于本能的发动,动物皆然,不止人类。人生得真正恋爱,固属幸事。然其事不可必,且恋爱对象,变动不常,灵魂肉欲,其事难分。自生民以来,所谓有美满之姻缘甚少矣。然恋爱者,人生之一部分耳。若谓恋爱不成,则人生一切无意义,是乃专崇拜本能,而抹杀人类文明进步后之一切高尚观念,或者非洲生番如此,中国不如此也。夫文明人所认为之人生意义,一言蔽之,曰利他而已。盖人生至短,忽忽数十春秋,与草木同腐,以视宇宙之悠久,不啻白驹之过隙。然而犹值得生存者,则以个人虽死,大众不死故。所以古今志士仁人之所奋斗者,惟在如何用有涯之生,作利人之事,而前仆后继,世代相承,以为建筑文明改善人类环境尽力。行此义者,为人的生活,不然为动物生活。得恋爱与否,与人生意义无关也。或曰:此言固是。然得恋爱,始能工作,失恋爱则意志颓然,蒋氏之意仅在是耳。然此亦大误。盖在有道德观念知人生意义之人,其所以结构一生者，途径甚多，不关恋爱。太史公受腐刑而作《史记》，成中国第一良史；美国爱迪生，一生不娶，发明电学，裨益人类，古今大学问家大艺术家之不得恋爱者多矣，宁能谓其人生无意义乎？

　　且蒋氏之言，若即此而止，犹可不论，盖人各有志，而恋爱万能之说，中外皆有一部分人持之，蒋氏如此，亦不足责。然吾人所万不能缄默者，则蒋谓有美满姻缘始能为革命工作。夫何谓革命？牺牲一己以救社会之谓也。命且不惜，何论妇人？十八世纪以来之革命潮流，其根本由于博爱而起。派别虽多，皆为救世。故虽牺牲其最宝爱之生命而不辞者，为救恶制度恶政治下之大众，使其享平安愉快之生活故也。一己之恋爱如何，与"革命"有何关连哉？呜呼，常忆蒋氏演说有云："出兵以来，死伤者不下五万人。"为问蒋氏，此辈所谓武装同志，皆有美满姻缘乎？抑无之乎？其有之耶，何以拆散其姻缘？其无之耶，岂不虚生了一世？累累河边之骨，凄凄梦里之人！兵士殉生，将帅谈爱，人生不平，至此极矣。呜呼，革命者，悲剧也。革命者之人生意义，即应在悲剧中求之。乃蒋介石者，以曾为南军领袖之人，乃大发其欢乐神圣之教。夫以俗浅的眼光论，人生本为行乐，蒋氏为之，亦所不禁。然则埋头行乐已耳，又何必哓哓于革命！夫云裳其衣，摩托其车，钻石其戒，珍珠其花，居则洋场华屋，行则西湖山水，良辰美景，赏心乐事，斯亦人生之大快，且为世俗所恒有。然奈何更发此种堕落文明之陋论，并国民正当之人生观而欲淆惑之？此吾人批评之所以不得已也。不然，宁政府军队尚有数十万，国民党党员亦当有数十万，蒋氏能否一一与谋美满之姻缘，俾加紧所谓革命工作？而十数省战区人民，因兵匪战乱，并黄面婆而不能保者，蒋氏又何以使其得知有意义之人生？甚矣不学无术之为害，吾人所为蒋氏惜也。或曰：天下滔滔，何严责蒋氏？曰：果蒋氏自承为军阀，为官僚，则一字不论，其事亦不载。而蒋氏若自此销声匿迹于恋爱神圣之乡,亦将不加以任何公开之批评。今之不得不论者,以蒋氏尚言革命之故耳。吾人诚不能埋没古今天下志士仁人之人生观,而任令一国民党要人,既自误而复误青年耳。岂有他哉?

这篇社评脍炙人口,传诵多时,并被后人认为是张季鸾的代表作。但实际上它并不能代表张季鸾的水平和风格。这种讥讽嘲笑的文章在他后来的社评中很少见到,因为他的社评总体上是以真挚礼貌的评论为主、以理服人为重,而不是图一时之快,逞一时之能。

1928年夏天,革命军逼近京津,张作霖率东北军北撤,途中被日军暗杀,蒋介石遂于6月15日正式宣布北伐成功。一星期后,《大公报》发表社论《论蒋介石辞军职事》,赞扬蒋介石为掌国家政权而辞军委主席兼革命军总司令等等军职,为除去军阀、实现民治有利。随后,革命军进驻天津,《大公报》再发社论,不同程度地称赞国民军将领蒋介石、阎锡山、白崇禧、傅作义。

此时,传来蒋介石即将北上的消息。为采访这一重大事件,张季鸾亲自去河南,请求冯玉祥将军帮忙。张、冯间有旧交,当时冯对张非常赏识。7月1号凌晨,冯玉祥南下郑州,迎接蒋介石和李宗仁的北上专列。张季鸾同行,由冯玉祥介绍初识蒋介石,并与之乘专列一同进京。总司令部秘书长邵力子和秘书陈布雷,都是张季鸾的老朋友,因此一路交谈甚欢。让张季鸾大为惊讶的是,七个月前曾被自己痛骂过的蒋介石根本不记前嫌,反而视自己为国士净友。张季鸾感叹之余,于三天后发表社论《欢迎与期望》。在他笔

蒋介石

下，蒋介石已从"不学无术"之徒变成"革命英雄"。但他也意识到蒋、阎、冯、李(宗仁)等如不立即整顿军队，协力建国，就有可能演变成新军阀而继续将中国拖入新混战中，于是在报上呼吁整顿军队，裁减冗员，统一财政，防止新军阀产生。

平稳发展的八年 1926年《大公报》复刊之初，每月要亏损四千元，但从1928年元旦起，《大公报》日销量超过一万三千份，版面扩大到十个，到9月1日，更增加到十二个，广告收入迅速增加，从此月有盈余，于是报社一方面兑现了年终送股的约定，一方面开始添置新设备。1929年元旦，报社告别平板印报机，改用进口的轮转印报机，销量达两万份，到1931年，更达五万份，每月广告收入过万元。

这期间中国国内新军阀混战，先后发生蒋桂战争、蒋冯战争和中原大战，纵观《大公报》这时的言论和新闻，基本上是拥护蒋介石南京政府，认定他是中国当时之正统，但也对国民党的"政治败坏"和"军国政府"进行了激烈的抨击。

蒋介石击溃了各实力派军阀后，集中兵力开始对工农红军进行围剿。围剿前后共进行了五次。随后爆发了"九一八"事变，但蒋介石坚持"攘外必先安内"的策略，集中优势兵力进行"剿匪"。在这内忧外患、国内国际矛盾突出的时期，《大公报》坚持所谓的"正统"国家思想，支持蒋介石对中国的政策。

这时的《大公报》的确认为工农红军就是危害国家的"匪"，因此每当国民党战败，它就会细致分析每次战役失败的原因，为政府出谋划策。而当红军失利时，它表现出由衷的高兴，连发报道，鼓舞国民党士气。但《大公报》毕竟不是国民党的机关报，它在这个问题上不是政府的喉舌和传声筒，还是有不同于政府的观点，比如，也深刻看到"共匪"产生的原因，在于国民党政府的腐败，因此认为与其"剿共"不如"讨贪"，彻底肃清"造匪"的环境。这种观点在当时中国的民营报纸中颇有影响，上海的《申报》也发表类似文章《造匪与剿匪》，指出所谓"匪"不过是被逼无助的百姓，政府与其拿出大量金钱进行兴师动众的围剿，不如用来发展生产，让人民生活有着。《大公报》还提出了"绝对剿匪"和"相对反共"的观点，提出武装抗拒政府的"匪"绝对要肃清，但只在言论上支持共产党，并无行动的，不应在剿灭之列。它主张应该彻底研究共产主义，在这种观点支持下，1931年3月，《大公报》派曹谷冰到苏联采访，客观报道了苏联的建设成就，希望政府能够采其长而避其短。

1931年5月22日，是《大公报》社长吴鼎昌48岁的生日，这一天也正好是《大公报》发行第一万期的日子，当天报纸发行量骤然猛增数倍。为了庆祝这个双喜临门的日子，《大公报》很早就开始约稿，到庆祝日，国民政府主席蒋介石，陆海空副总司令张学良，监察院长于右任，著名教授胡适，比利时、日本、美国、德国等国外长，法国前总理，还有梅兰芳和程砚秋等一大批名流发来文章，恭贺盛事。《大公报》至此已得到所谓主流社会的认可，它发表纪念文章，回首三十年办报历程，感慨之余，再次重申言论报国、四不主义等原则。人们在当天的报纸上看到，蒋介石发表《收获与耕耘》，称赞《大公报》改组以来，声光蔚起，不到五年，一跃成为一流报纸。北大文学院院长胡适发表《后生可畏》，称誉《大公报》已超越上海《申报》，从天津报纸发展成全国舆论机关。胡适勉励说，应该诚恳祝贺《大公报》更进一步两步以至百千步，期望他打破中国最好报纸的记录，在世界最好的报纸中占据荣誉地位，同时提出报纸应该使用白话文。其实胡政之并不喜欢胡适提倡的白话文运动，他认为胡适在这个问题上应该表现得更诚实一点，因为他表面上提倡白话文，反对文言文，但私下里还请老师教授自己儿子文言文。不过报纸运用白话文在当时看来已是大势所趋了。

在当天的宴会上，还有一位特殊的贵宾，他来自天津八大家之一的茶叶李家。此人从《大公报》创刊起就每天到街上买一份，买不到就到报馆来买，遇到报纸边角不全时就到报馆来换，收藏有全份天津《大公报》，完整不缺。后来经胡政之请求，将全部藏报卖给《大公报》报馆。

《大公报》以张季鸾领导的负有责任和影响的言论，以及胡政之出色的采访和经营，终于获得丰厚回报，被视为全国舆论重镇，饮誉全国了。

但仅仅三个月之后，《大公报》竟甘尽苦来，第一次真切地感受到了家仇国恨。日本在经过数次挑衅后，终于进攻驻沈阳的东北军，"九一八"事变爆发，中日战争开始了。早在9月10日，《大公报》就批评日本内阁，说"中村事件"尚未查明，日本竟不等中国调查结论，盛传用兵。18日下午，记者汪松年从铁路局获悉："日军调动频繁，景象异常。"敏感的汪松年没回旅馆，而是守候在路局。19日凌晨1点，路局接到沈阳电话，说日军真的开火了，这就是震惊中外的"九一八"事变。汪松年立即打电话给总编张季鸾，张季鸾临时在要闻版补进这条震惊中外的最新消息。日军进攻沈阳后，立即切断一切联络，国内其他报纸均未能及时获此信息，汪松年的口述新闻也就成了关于"九一八"事变的最早报道。

1931年9月19日凌晨，日本关东军在沈阳外攘门上向中国军队进攻

同时，张季鸾打电话给在北京的胡政之，要他赶往协和医院，采访在那里的张学良。张学良也刚得知此事，他承认，为避免刺激日军，不给其扩大战争增加借口，已收缴了东北军军械。胡政之因此成为事变后第一位采访张学良的记者。

　　当时社会上的仇日恨日情绪高涨，决一死战的呼声很高，但《大公报》却认为对日本要有深入了解，要知己知彼，特别是要等待中国准备好，有实力之后再开战，因为这一战就必须战胜，只有这样，才能彻底打掉日本对中国的野心和觊觎。

　　在胡政之匆匆赶回天津后，张季鸾立刻召集全体编辑会，把"明耻教战"确定为日后的编辑方针。所谓"明耻"，是委派青年编辑王芸生，撰写1871年以来的中日外交史，把日本逐步侵华的历史原原本本整理出来，介绍给国人，"彻底明夫国耻之由来，真切了解国家之环境，实际研讨雪耻之方案……能知新旧国家耻辱之症结，洞察夫今昔彼长我短之所在，即可立雪耻之大志，定应敌之防策"。所谓"教战"，是邀请著名军事家蒋百里开办《大公报·军事周刊》，向国人介绍国防知识和军事常识。

　　"明耻"即为"知日"，为战胜敌人的重要基础。1931年初，北京大学校长蒋梦麟曾到日本访问，回国后，他说，六十年来，中国人对日本人的认识和心理，是"轻日"、"师日"、"亲日"、"仇日"，就是缺少"知日"。话音刚落，"九一八"事变就爆发了，"仇日"又成为主流，但"知日"这个基本问题并没有解决。《大公报》最早回应了这一历史要求，弥补学术界的不足。

　　王芸生接到"明耻"重任时只有28岁，为了不辱神圣使命，他奔走京津，往来于故宫博物院和北京各个图书馆之间，白天在浩如烟海的杂乱史料中搜寻，精选细择，夜晚便伏案写作，经常通宵不眠。经过三个月紧张工作，王芸生终于初步整理出了头绪。

《大公报》连载《六十年来中国与日本》

1932 年初，《大公报》陆续推出王芸生的《六十年来中国与日本》，一直连载了两年半。每篇文章之前，均冠以"前事不忘，后事之师！国耻认明，国难可救"！后来，《大公报》出版部把这些文章辑录成书，名字仍是《六十年来中国与日本》，一共七卷。无论是蒋介石，还是毛泽东，都对这部书爱不释手。甚至日本人对此也颇为重视，专栏创办后，很快被翻译介绍到日本。

由于《大公报》不主张"一战"，引起读者的反感，认为报纸是在鼓励退缩。一读者致信报馆，批评不抵抗主义，指出中日开战是早晚的事情，要早做准备，不应鼓励政府单纯依靠外交途径，使人民有侥幸和麻痹思想。《大公报》将该信发表，并配评论，提出"备战"在中国的必要，认为战争一起，时间必定数年，而在目前中国国情下，内忧外患深重，绝不能抱玉石俱焚、同归于尽的悲愤思想；与之战，战则必胜，这才是对国家民族负责任的做法。

《大公报》的良苦用心，其实还有一点在后来才被胡政之说破。因为《大公报》对日问题的评论精确而有影响，日本人常将该报的观点认为是中国官方或主流的意见，故而在同业纷纷主张对日开战时，《大公报》却不曾拿出要打仗的主张，主要也是为了迷惑日本，不叫他们早下决心。但这期间《大公报》却遭到来自群众、特别是东北学生的抵制，甚至有人向报馆扔炸弹。

我们应该看到《大公报》的主张和蒋介石"攘外必先安内"的"不抵抗主义"是有区别的。蒋是要抗日，但抗日的前提是"灭共"，必须先剿灭共产党，然后再言抗日；而《大公报》的"缓抗"是看到中日实力相差悬殊，认为必须有所准备，忍辱发奋，增强国力，然后宣战，战则到底，战则胜利。

在英敛之时代，《大公报》曾由法租界迁出，转落日租界之旭街，"九一八"事变后，吴鼎昌、胡政之、张季鸾感到日租界不可久留，必须另寻新址。他们在法租界一家纺织厂，找到一间正在打扫修葺的旧厂房。11月8日夜晚，"天津事变"爆发，报馆四面八方均被铁丝网封锁，报差进不来，报纸送不出。胡政之和张季鸾急忙跑到吴鼎昌家，通宵研究对策。三人一致认为，外患急迫，正是国人急需了解新闻之时，绝不能停止出报。但种种努力均告失败，《大公报》不得不停版数天，全力以赴组织搬家。好在胡政之和张季鸾都是留日学生，精通日语，在日领事馆又有熟人，他们给日本领事馆打电话，请发通行证，很快获得通过。社会各界对《大公报》奋力搬迁，给予极大协同。搬迁第一天，电话局接通了电话，第二天，供电局接通了电灯。1931年11月16日，《大公报》从日租界搬回法租界。

战争的阴影也深刻影响了中国的广大农民，《大公报》在《本报一万号纪念辞》中提到，农民占中国人口百分之九十以上，而对于农村的状况，国人了解很少，"是以中国革命之第一要务，为普遍调查农民疾苦而宣扬之"。在这种观念指导下,从1933年到1935年《大公报》上陆续刊登了很多农村题材的生活写生画和报道。其中赵望云的写生通讯别具一格,为读者喜爱。赵是艺术专业毕业生,来自农村,因此非常熟悉农村生活。在他笔下,农村的自然景色和人情风俗等,都栩栩如生,对农民迷信、守旧、固执、不讲卫生、不信科学等落后现象也都如实反映,对地方官吏鱼肉乡民、土豪劣绅作威作福也予以揭发,图文并茂,深刻感人。

《每日画刊》上刊登的赵望云的旅行印象画展

对于日本先占东北,后侵上海,发动"一·二八"事变,1932年的《大公报》显示了强烈的爱国情结。2月1日,《大公报》发表社评,指出从此后国人只有"死里求生"一条道路了。在"一·二八"淞沪大会战中,《大公报》要闻版头条全部是抗战专电,一方面从道义精神上支持国民革命军浴血奋战,另一方面还给第十九军军长蔡廷锴和第五军军长张治中电汇巨额捐款,要他们抚恤阵亡将士的家属。

那时,吴鼎昌去南京采访蒋介石和汪精卫,尔后抵达上海,恰逢中日停战,签署《淞沪协定》。吴鼎昌对协议极为不满,激烈抨击蒋介石"攘外必先安内"政策。回到天津后,吴鼎昌去南开大学讲演,以抗议内战领袖的公众形象频频露面。当《淞沪协定》签定后,《大公报》愤然刊发《愿全体国人清夜自问》,称"中国应自问自责之点甚多,要之,可得一个总的答案曰:皆少数上层社会之罪",将矛头指向统治阶层。《淞沪协定》墨迹未干,日寇进犯山海关,中国军队被迫发动"长城抗战",英勇还击,但因为当局继续"不抵抗主义",导致前方战事失利。1933年元旦,《大公报》在迎接新年的社评中,对误战误国的当局再发指斥,"吾人只责问中央当局及北方地方当局,是如何抗战? 其他各方当局是如何接济"? "只责问中央当局及地方当局,究竟贪官污吏,办了几人? 私人亲戚,换了几个? 苛捐恶税,裁了几种? 地方土匪,肃清了几处? 交通便利了几许"?

1933年2月,中日战事再起,中国军队再次失败,《大公报》于3月5日发表题为《当局误国至何地步》社评,再次指责政府,"此暴露军事腐败至何种程度,不得诿责于国力问题"。1933年12月3日,第二十九军军长宋哲元辞去冀察绥靖主席职务,《大公报》专门发表社论,提醒宋不要做分裂祖国的事情。宋哲元给了《大公报》一个禁邮的处分,但在当时上海、南京等地一些报纸的支持下,禁邮只实施了八天。

1933年后,中国对日本战事连连失败,战败条约不断签定,《大公报》无不表现出愤怒和失望,号召国民奋发图强、洗涤国耻!

为了让全国人民了解沦陷在日本手中的东北状况,《大公报》联络到哈尔滨吉黑邮政管理局的陈纪滢,让他利用工作的便利,向《大公报》报道日军铁蹄下的东北社会情况,使国人了解东北真相。1933年"九一八"事变爆发两周年纪念日,《大公报》刊登了陈纪滢的三万多字的《东北勘察记》特稿,并配以图片:伪满皇宫、伪满国务院、长春街景、哈尔滨街景、沈阳火车站、佳木斯日本移民区等。文章刊出后，震动朝野。日本外务省指令日本驻华公使向中国政府提出抗议，污蔑"天津《大公报》竟私派记者潜入满洲国秘密采访，虚构事实，破坏两国感情，殊属不友谊之行为"等等。《大公报》严词驳斥，称中国从来不承认所谓满洲国，东北是中国合法领土，在中国人自己的领土上报道新闻，何来"破坏两国感情"之说！

1935 年 5 月到 12 月，日寇接连在华北挑起事端，到 12 月底控制华北。由于《大公报》身处沦陷区，无法对事件发表正面报道和评论，言辞渐趋缓和，只是在"明耻教战"。在无法将华北消息及时发布，言论无法舒畅的情况下，《大公报》另辟蹊径，刊登《大公报》特约记者范长江的西北通讯，取得巨大影响。

1935 年 5 月，年仅 25 岁的范长江以《大公报》特约通讯员的身份开始了西北采写的历程，历时十个月，行程万里，他的旅行见闻陆续见诸报端。这些通讯谈古论今，意趣横生，涉及宗教、民族关系等广泛问题，以其引人入胜的描述、入木三分的议论、广博充实的知识和质朴的民族主义、民主主义情怀，赢得了广大读者的心。在六十九篇通讯中有七篇专门写了共产党、红军的活动，第一次以写实的笔法公开客观地报道了红军长征的踪迹，字里行间倾注了他的同情，甚至不无敬意。他说："在这样闭塞的地方，仍然表示着中国政治的两大分歧：从现状中以求改进，与推翻现状以求进展。两种势力，无处不在斗争中。不过，对实际问题有解决办法者，终归是最后胜利者。"不久，其通讯集结成《中国西北角》一书出版。

在国民党治下的 1935 年至 1936 年，《大公报》发表这样的报道无疑是需要勇气的，胡政之、张季鸾两位先生的作为也见证了《大公报》作为民间报的独立性和远见。其实早在 1933 年，范长江就曾向当时的《世界日报》成舍我提出要考察大西北的计划，但没有得到同意，两年后，

《大公报》给了他一个身份——《大公报》特约通讯员,范到西北采访的计划才得以实施,这直接成就了范长江在新闻界的地位。而《大公报》在宋哲元的控制下,本来无法作为,但及时调整了报道重心,东方不亮西方亮,迎合了东部大城市读者对西北地区以及红军动向的了解需求,也大获成功。

历史在这里还埋下了一段伏笔,正是这段时间《大公报》对陕北苏区根据地和红军动态的报道,让张闻天等红军领导无意中看到,从而决定到陕北发展新的苏区,1935年10月19日,他们到达吴起镇,完成了举世闻名的二万五千里长征。

1934年,《大公报》在胡适建议下,开设了著名的"星期论文"栏目,每星期邀请名流学者写上一篇言论。胡适是同情张季鸾工作太辛苦,想减轻他写社论的重负,他说:"《大公报》的'星期论文',就是我替张季鸾先生、胡政之先生计划的。请《大公报》以外的作家每星期写一篇文章,日程也都由我代为排定。这样,报馆的主笔先生每周至少有一天休息。这种方式旋为国内各报所采用。"但张季鸾想的却是,借此拓宽言路,让自由知识分子加盟《大公报》,继续发扬文

胡适

人议政精神,同时可以加强政府与知识界的联系,于国难中架起一座桥梁,群策群力,共谋胜利。

1934年1月7日,"星期论文"首先发表胡适的《报纸文字应该完全用白话》。从此后,《大公报》的社评文字逐渐改用白话写作。在刚开始

的一段时间里,胡适可以说就是这个专栏的主持人,共发表过十九篇文章。"星期论文"的文章以三千字为主要篇幅,刊登后稿酬高达四十块大洋,相当于当时十袋面粉的价格,两倍于普通职员的月薪,吸引了全国众多著名学者。"星期论文"一直刊登到上海解放,每周一篇,从未间断,共七百五十多篇,先后有两百多位作者参与,囊括了如胡适、傅斯年、吴景超、丁文江、黄炎培、费孝通、梁漱溟、陈岱孙、陶希圣等社会各界知名人士。"星期论文"虽然是一个有很大包容性的专栏,左中右三方面的学者都有文章发表,但整体上看是以自由主义知识分子的言论为主。

"星期论文"刚开始涉及的话题很少有分析时事政治的,但随着形势的发展,逐渐转向群众关心的问题,如物价问题、内战问题、东北问题、学生运动问题等。文章中的观点,有的报社并不完全同意,甚至与之相左,但都坚持一字不改。这不仅体现了张季鸾对知识分子的尊重态度,而且也与报社的办报方针是一致的。张季鸾、胡政之认为,报纸是舆论工具,舆论来自社会各界,因此有时报纸会因为针对某个问题的讨论而热闹非凡。

1936 年 5 月 3 日,"星期论文"栏发表了傅斯年的《国联之沦落与复兴》。为了避免给侵华日军制造口实,张季鸾对于原稿有所删节,但亲自于排版当日致信作者进行解释。张之敬业精神和对作者的尊重由此可见一斑。继任者王芸生也是如此。1938 年 7 月 30 日夜,他在汉口给出国的胡适写信说:"先生久别祖国,国人想望言论丰采殊甚,特恳先生于讲学余暇,常为敝报撰写星期论文,以慰国人,讲稿亦时时常赐,以增国人信念。"尊敬之情流露笔下。

编者敬业负责、尊重作者,作者在感动之余,自然也会"投桃报李",用心积极地撰写稿件。胡适在日记中有这样的记载:"昨晚回家已是今早一点钟了。写了一点多钟的星期论文,才去睡。""在病榻上得着《大公报》催促'星期论文'的通告,只好把这一个多月的报纸杂志寻出来翻看一遍,看看有什么材料和灵感"。傅斯年为《大公报》共写"星期论文"二十二篇,占总数的3%左右,这个数字仅次于他在参与创办的《新潮》和《独立评论》上的发稿量。

《大公报》的"星期论文",不仅加强了学者与政府的联系,也加强了学者与大众的联系,引起全国报界的仿效。不久天津《益世报》,上海《申报》、《新闻报》,北平《晨报》,都增辟了类似专栏。

然而,华北局势危机四伏,平津不保只是早晚的事,《大公报》在天津已无法展足,必须再作打算。这时张季鸾首先想到了上海……

二、走向全国、走向成熟的《大公报》

1. 上海滩的立足

1936年春天,张季鸾创办上海《大公报》,地点设在上海法租界。张季鸾发表社论说,《大公报》在天津和上海两地发行,不是扩张事业,而是形势所迫。早在一年前,张季鸾就提议创立上海《大公报》,说东三省瞬间沦陷,平津危在旦夕,必须未雨绸缪。但胡政之认为,北方报纸要挤进上海,实在困难,最好不要轻举妄动。这是张季鸾一生中与胡政之的唯一一次激烈冲突,张季鸾竟想到要离开《大公报》,另立门户。他离开天津,到四川老朋友康心之处,希望他如吴鼎昌一样,也出五万元,重新创办一份文人论政的报纸,由自己亲自主持。康欣然应允,并将这份未来的报纸命名为《国民公报》。但当张季鸾去贵阳拜谒蒋介石时,蒋却说,《大公报》有影响、有权威,在中国并不多见,抗战需要它。

《何梅协定》签定后,天津乃至华北已在日本虎视之下。《大公报》的几位领袖终于统一了以上海接应天津危难的意见,其时,华北已名存实亡,报纸想在天津租界苟安,基本已是奢望。

天津总部先嘱驻沪办事处主任李子宽着手准备,后又通知徐铸成东下参与筹备。《大公报》上海馆的开办时间紧迫,但还是比较顺利的,馆址设在法租界爱多亚路(今天的延安东路)上一幢三层楼的店面房。底层前面是营业厅,后面是印刷厂,二楼是编辑部和排字房,三楼是图书馆资料室。全馆职工一二百人,编辑部的编辑、记者只有二三十人。

《大公报》编辑部是一个长方形的大办公室,编辑主任王芸生的座位在中间,面向大家。这样安排有不少好处,可以互通信息,发生什么重大事件,接到重要消息,大声一讲,大家都知道了。

1936 年 4 月 1 日《大公报》上海版创刊。图为王芸生(中)、李子宽(右一)、费彝民(右二)、段继达(左一)、孔昭恺(左二)

1936 年 4 月 1 日,《大公报》上海版创刊,张季鸾执笔的《今后之大公报》社评重申了"四不主义"精神:"本报将继续贯彻十年前在津续刊时声明之主旨,使其事业永为中国公民之独立言论机关,忠于民国,尽其职分。……而不隶籍政党,除服从法律外,精神上不受任何拘束。本报经济独立,专赖合法营业之收入,不接受政府官厅或任何私人之津贴补助。同人等亦不兼任政治上有给之职,本报言论记载不作交易,亦不挟成见,在法令所许范围,力求公正。苟有错误,愿随时纠正之。以上为本报自立之本。"

然而,北方报纸想要涉足上海,谈何容易。正当大家都怀着激动的心情等待读者反馈的时候,却没有听到一点赞扬的声音,倒有不少电话来询问为什么报摊上买不到《大公报》?原来上海《大公报》发行头三天,报摊全部无货,报贩把报纸全部收去了,你印多少,他就买多少,就是不让老百姓看。胡政之没办法,只好请杜月笙出山,宴请上海报业老板,这才摆平了大上海。

但即使这样,上海版的发行还是困难重重。当地报纸发行基本上掌握在大报贩手中,报贩有一定的组织,几近帮会性质。比较著名的有王春山、陆开庭、张阿毛、蒋仁清,曾有"望平街四金刚"之称。他们控制众多小报贩,对报纸的零售大有影响。但他们并不是发行真正的"金刚",报纸发行真正的"金刚"是被俗称为"捐报人"的,他们拥有大量的固定订户,这是报馆的命脉所在。每个报馆都有自己的"捐报人"。"捐报人"一般是资深报贩,在众报贩中有很高威望,他们还要负责调停报馆发行部和报贩间的大小纠纷。如《申报》的"捐报人"名叫徐志钦,俗名"徐阿七",清朝时是民间邮局民信局跑街送信的,当时市场上尚无职业报贩,所有《申报》订户,都归民信局代送;后来清廷办理邮政,取消民信局,他就转任《申报》的"捐报人"。到1921年时,他手下的报贩多达百余人,掌握各报固定订户两万数千户,人称报贩大王,或报贩鼻祖。而《大公报》是望平街的"外来户",一时找不到合适的"捐报人",难免受到排挤。

据在报馆搞发行的李清芳回忆,"(上海时期)我们费尽力气,也徒劳无益。两万多份报纸,大部分是分发到华中、华北的老销户,卖给天津《大公报》的老主顾"。

从整体上讲，挤进上海的时候，正是《大公报》一百年中最鼎盛的时期。那时，《大公报》总资本从复刊之初的五万元，翻了十倍，在短短十年中达到了五十万元。而上海《大公报》也逐渐受到江浙读者的欢迎，1936年底，日发行量一举超过五万份。1936年9月1日是新记《大公报》十周年的社庆日，上海馆在徐园举办了盛大纪念会，又在宁波同乡会举行了报告会，并给在报社工作满十年的职工发放了金制纪念章，其他职工都发给了铜制纪念章，社内社外影响巨大，热闹一时。

胡政之和张季鸾来上海没多久，天津《大公报》便因为时局紧张而面临关闭。上海暂时成为工作重心，因此为胡政之和张季鸾所看重。当时报馆的组织比较精练，主要人员安排如下：

编辑部：张季鸾领导；编辑主任（先后）：张琴南、王芸生；要闻编辑：杨历樵、徐铸成；地方通讯编辑（先后）：吴砚农、许君远；体育编辑（先后）：严仁颖、章绳治；副刊编辑：冯叔鸾；文艺编辑：萧乾；每日画刊编辑：程玉西；本市增刊编辑：丁君匋；外勤课主任：王文彬，并兼两版本市新闻；政治记者：朱永康；外事记者：蒋荫恩；社会记者：蒋晓光、朱全康；妇女记者：蒋逸霄；文教记者：张蓬舟；还有经济记者。编辑记者分工明确，各人自搞一摊，极为主动。

上海《大公报》第一任编

1936年中华民国国庆，上海《大公报》特刊

辑主任张琴南勤勉努力，很

有进取心,但因加盟《大公报》时间不长,在标题和版面安排上有些花哨,与《大公报》的严肃风格不符,胡政之和张季鸾便决定,调天津《大公报》编辑主任王芸生来上海,张琴南对调到天津。由于人手紧张,很多编辑记者都身兼数职,如徐铸成负责编二、三版要闻,有很长一段时间,要闻版由他决定截稿,最后一张大样由他签发。他还要兼写《国闻周报》的"一周大事述评"和"一周大事记"。

上海版记者的收入并不多,据那时刚进入报馆任记者的张蓬舟回忆,他的工资每月四十元,刚够交房租,另外还有十元的饭贴。报馆有两部小汽车供外勤使用,还可以叫一家约定公司的汽车,由报馆付钱,交通条件是好的。不过写社评的报酬还是比较高的,因为社评依然是《大公报》上海版的重心。

当初胡、张两巨头迁到上海(吴鼎昌已辞社长职,到南京做官)时,留王芸生在天津任编辑主任。原一直由张、胡写的社论,开始在津版让王芸生写些时间性较强的社论,但重要社论仍由张、胡执笔,以电报发天津刊出。1937年起,张、胡也开始让徐铸成试写社论,经修改刊出,并以每篇稿酬二十元作奖励——当时白米四元一石。

随着日本的步步进逼,中国各界抗日言论越来越多,越来越激烈。同时,也有悲观投降者的言论,也有因为看到中日间悬殊实力而主张"缓抗"的。在这些派别中,《大公报》属于主张"缓抗"的,但并不是因为悲观失望,而是觉得抗战时机未到。所以虽然在言论方面比较保守,但在其他文字上一样宣扬爱国主义、激发国人的爱国热情。1936年8月16日,《文艺》副刊上刊登了陈白尘的独幕剧《演不出的戏》,影射上海公共租界在日本人压力下,压制中国电影人制作"国防电影"的热潮,查封台词中有"东北是我们的领土"的舞台剧《走私》。剧本在《大公报》上发表后,公共租界控告《大公报》总编辑张季鸾,理由为"《演不出的戏》独幕剧中,有煽惑他人对东三省之情绪,且一再涉及'满洲国',是'与敦睦邦交'有所抵触"。

张季鸾作为总编辑来到法庭,他慷慨陈辞,予以反驳,说中华民国根本没有放弃东三省,不承认"满洲国",何来"邦交",而激发他人怀念东北故土,更不能认为是"有损"。所谓抵触"敦睦外交"之说,是歪曲是非,无法成立。辩驳之词掷地有声,合理合法,取得民众一致支持。法院无法,只好判张季鸾无罪,《走私》剧也因此得以开禁上演,取得了一次言论上的胜利!

"全国版"的流产

"八一三"抗战前夕,具体说就是 1936、1937 年发行上海版以后,胡政之、张季鸾开始筹谋向全国发行《大公报》。他们考虑了几种办法:比如像日本《朝日新闻》那样,用飞机直接向全国发行(当时该报日发行一百二十万份,报馆自备飞机二十五架),但当时主客观条件都不允许;用无线电传真在技术、资金和设备等方面也都办不到。最后是设想"统一版面"部分,由上海馆排版、打纸型,航空运往汉口、西安,在当地浇注制版。省市部分,由当地发稿排版。上海、天津、广州用轮转机印刷,汉口、西安、重庆用平板机印刷。这样,所需资金少且管理比较便当。

在版面安排上,社评、要闻、国际新闻及"商品经济",分别在津、沪两报发排,两报都刊用的,以纸型寄往另方。统一版面上的广告收费高。省市地方新闻、生活商品行情,由分馆编排,地方广告收费较低。当时,天津《大公报》有"本市附刊",在天津、北平随报纸发行;上海《大公报》则有"本市增刊",随报发行到沪宁、沪杭沿线。分馆如果每天出一大张(四个版),那么要保持两个统一版面;如果日出一大张半,要保持三个统一版面。

但当时中国航空运输只有两家公司,一是中国航空公司,另一是欧亚航空公司。这两个公司都不能保证准时运达。张季鸾说,不遇到具体问题,或许感触还不深刻。日本维新比中国变法晚,而现在我们在科学、经济、国力等各方面，比日本落后二三十年，若是再不急起直追，真是民族罪人！我们这代人救国的担子很重。报人是社会先导，提倡国人重视科学，注重知识，我们的责任尤为重大。

他说："富强之基，概在科学！今后无论国家命运如何，要须大规模普遍地提倡科学。"

除了扩版发行，胡政之与张季鸾还设想成立研究部，在研究部的指导下策划报道，其宗旨有三，一是加强与自然科学和工程技术方面人士的联系；二是要办成政治上有远见、有主张、能代表舆论的报纸；三是尤其还要在经济报道方面有见地、有特色、有权威，能准确地反映情况。

但日本侵略军的炮火却使这一美好设想成了泡影。

不过张季鸾在上海时期，却有两件大事让他非常骄傲和得意。一是老来得子。虽然之前张季鸾已有两位夫人，除了元配高芸轩外，1934年夏，又娶范女士，但均没有生育。他有较浓重的传统观念，认为没有儿子就不能传代。1936年初，张季鸾在筹备《大公报》上海版时，同事又给他撮合了一件婚事，娶陈筱侠。1937年7月2日，陈氏夫人生育一子，取名张士基，小名镐儿。张之喜悦和欣慰，可想而知。但仅一个多月后，他就前往汉口创办新版《大公报》。其舍家为国之情，多少言语在这行动面前都失掉了颜色。

另一件事情就是在西安事变过程中，张季鸾的社评和《大公报》的表现轰动一时，成为历史上报纸影响时局的典范。

西安事变中的张季鸾

1936年下半年，鉴于西北军和东北军在西北"剿匪"不力，蒋介石于10月22日，偕钱大钧等十余人飞抵西安，布置反共军事行动。蒋介石召见师以上高级将领，有将领质问说，什么时候抗日，什么时候收复东北？蒋介石回答："有我蒋某人在，一定可以带你们回东北。"1936年12月7日，他再抵西安，调集三十万陆军、空军，部署围攻陕甘宁红区。

张季鸾亲自去华清池蒋介石的行辕采访,问他对西安四处都在谈论的"停止内战,联共抗日"怎么看,蒋回答说,我来西安,就是要平息东北军和第十七路军这些论调。12月9日《大公报》刊发社评《国民与国军》,指出:"吾人服膺中山先生遗嘱唤起民众共同奋斗之义,以为自一方言,中国国是应定于一,少数人不宜以言论行动减弱政府之地位,徒乱人意,无裨国难。同时政府应知唤起民众,有需于政府以外各方热心人士合作共济者甚多。"矛头委婉指向张学良,同时发布蒋召见高级将领及"残匪决短期内肃清"的消息。

然而,张学良还是发动了兵谏,使秘密筹划中的抗战时间表戏剧性地提前。

张学良承认,在对待共产党的问题上,他和蒋介石有根本分歧。蒋介石当时认为共产党已经是黄土高原上最后的几滴水了,马上就要蒸发了,只要做最后一击,中国共产党就永远从历史上消失了。但张学良不这么看,经过几次与共产党的交锋,吃败仗,知道共产党的厉害。而且张学良还通过与共产党的秘密接触,知道共产党的主张。他在晚年接受记者采访时曾说:"我对介公说,共产党你也剿不了。他说为什么,我说共产党有人心,我们没人心。……他要安内攘外,我要攘外安内,我们俩冲突就为这事。"

关于张季鸾在西安事变中所起的作用,《大公报》王芸生之子王芝琛以及很多学者如方汉奇、王鹏等均做过研究,很有深度,这里作一综述。

由于张季鸾对蒋介石和张学良都很熟悉,当时西北形势又是全国重心,因此他于事变前就已在西安多次采访。10月31日是蒋介石的50岁生日,国民党军政要员纷纷为蒋祝寿。这时,张季鸾也来到西安,一方面为蒋祝寿,另一方面也顺便采访聚集在陕西的军政要员。在西安,张季鸾受到蒋介石的单独接见,蒋强调"坚决贯彻戡乱方针"。张季鸾还分别拜访了张学良、杨虎城、邵力子、蒋鼎文、晏道刚、胡宗南、关麟徵等，详尽了解了各方面对抗日和"剿共"的看法。

张季鸾在与张学良晤谈时，张学良主要介绍了他与蒋介石在抗日问题上的分歧，也透露了与共产党接触的事情。上世纪五十年代，张学良在回忆西安事变时说："我同共产党在陕北的会谈，张季鸾是知晓的。这是因为一位过去的共产党，在我部中服务的政训处副处长黎天才，曾经告诉我，张季鸾是同情共产党的，他曾派记者到过莫斯科，写过颂扬苏联的文章（笔者注：此指1931年3月，张季鸾派该报记者曹谷冰到苏联采访，撰写了二十余篇通讯，介绍苏联的建设成就，后《大公报》又将通讯结集成册，出版了《苏俄视察记》一书，再版六次，累计发行十万余册），共产党看张季鸾和戈公振是一样的人物。所以在当时，我征求他对'停止剿匪，联合抗日'的意见，他十分赞成，认为蒋公到来，我应当破釜沉舟，痛切陈述。"（见《西安事变反省录》）由此可知，张学良和张季鸾是彼此可以坦诚沟通的。

以往蒋介石常约张季鸾晤谈，通过《大公报》的社评把蒋的设想透露出去，借以探测民意，为蒋施行政策铺路。因此，不仅一般的读者，甚至连国民党的高级军政官员也常要从《大公报》的社评中探悉蒋介石的意向，以便预作准备。用惯此计的蒋介石又于12月9日给陕西省主席邵力子写了一封"密嘱"，要他将"密嘱"内容透露给《大公报》驻陕记者，请其发一条消息，称蒋委员长已任命蒋鼎文为西北"剿匪"军前敌总司令，卫立煌为晋陕绥宁四省边区总指挥，陈诚将指挥绥东中央军各部队。蒋介石还特别嘱咐邵力子，"此消息不必交中央通讯社及其他记者，西安各报也不必发表"。

《大公报》驻陕西特派员李天炽于9日晚得知"密嘱"的内容，他立刻给已从西安返回上海的张季鸾发去电报，将"密嘱"内容告知。张季鸾与蒋介石的关系人所共知，而他与张学良也是要好的朋友。张季鸾

张学良

预感到西安要出事,他给李天炽回了电话,要其把"密嘱"大意很婉转地告诉张学良,而"密嘱"内容《大公报》准备晚一两天见报。张学良得到"密嘱"内容后,立刻召集有关人士开会,决定在 12 日晨动手,扣压蒋介石。

张季鸾如此做,并不表示他支持张学良发动兵变,扣压蒋介石。但当时这事却在客观上导致了张学良们采取行动。但张学良后来回忆此事时,并没有提到这一细节,而是提到前一天他与蒋介石的一次激烈冲突。

为了抗日,当时西安爆发了纪念"一二·九"的学生运动,张学良面见学生,答应代表他们见蒋介石,并给他们一个满意的答复。但当他面见蒋介石时,蒋却骂他为什么不用机关枪对付学生。这句话激怒了张学良,他当时在心里怒骂道,你机关枪不打日本人打学生!但此话没有出口,他面红耳赤,激愤不已,决心教训教训蒋老头子。张学良说,西安事变就是这样被逼出来的。

12 月 12 日下午,张季鸾听闻西安"有事",西安方面与各方都中断了联络。后来,张季鸾接到张学良的电报和张、杨联名的"通电",证实了蒋被扣的消息。当时张季鸾的情形,据《大公报》老人许君远回忆说:"1936 年 12 月 12 日,蒋介石西安蒙难,季鸾先生接到了这个消息,便很沉郁地坐在编辑桌旁,只吸烟,不讲话。电话铃不停地响,都是探询'事件'真相的。他不发表任何意见,只是等待比较可靠的报告。晚上收到张学良打给他的专电,详列'叛军'的几项主张,他看了颜色凄黯,在屋里绕了几个圈子,却仍然一语不发。在我的记忆中,这是编辑部里最沉郁的一天,大家肃然无哗,谁都在注意着季鸾先生的举动。"

张季鸾此时陷入深深的矛盾和思考中,他同情中共、张学良,知道他们真心抗日;但他更了解蒋介石的个性,知道他必不会在胁迫中妥协,如此争斗下去,中国一定大乱,而内战纷起,受益的只会是日本人。张季鸾认为,为了国家的统一和暂时的团结,他必须支持蒋介石,并一定要恢复他的人身自由和统治权威。13日,《大公报》在要闻版头条刊登《张学良竟率部叛变,蒋委员长被留西安》的消息。一个"叛变"就指出了《大公报》对事件的认识和定性。

但如何用文字来影响双方,使自己的良苦用心可以为当事者理解并接受呢?

《大公报》关于西安事变的报道

12月13日晚,张季鸾彻夜未眠。14日,《大公报》发表了张季鸾撰写的题为《西安事变之善后》的社评。这篇社评题目看起来有些突兀，事变刚刚发生，怎么就提出"善后"呢？这是张季鸾深思后琢磨出的题目，真可谓殚精竭虑。他知道南京方面对于解决"西安事变"有不同的主张，即分为救蒋生还派和讨伐派。张季鸾代表救蒋生还一派，希望有一个好的结果。而以汪精卫、何应钦为首的讨伐派，却欲置蒋介石于死地，阴谋乘机发动大规模内战。这篇社评在"电讯不通，莫知详情"的情况下，开明宗义地指出："解决时局，避免分崩，恢复蒋委员长自由为第一要义。"他的逻辑推理是这样的：为了避免分崩，维护国家统一，必须有领袖；蒋介石是经过十年风雨考验形成的领袖，故必须以恢复蒋之自由为第一义。15日，张季鸾听说南京当局内定何应钦为"讨逆总司令"，准备对张学良下达讨伐令。16日，张季鸾写了第二篇社评《再论西安事变》。社评特别提出希望各方人士发挥作用，促使事变和平解决，以避免战事，尤其勿用轰炸。

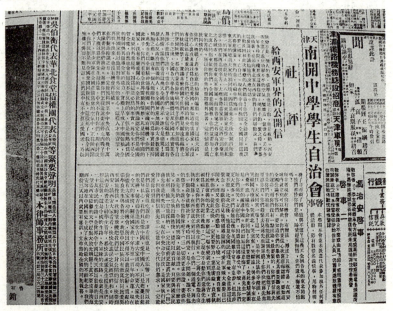

西安事变中著名评论《给西安军界的公开信》

12月18日,张季鸾的第三篇社评《给西安军界的公开信》见诸《大公报》。这是他在事变发生后的力作,也是他人生中最著名、最有力的一篇代表作。社评以对东北军深切的同情开始:

陕变不是一个人的事,张学良也是主动,也是被动。西安市充塞了乖戾幼稚不平的空气,酝酿着,鼓荡着,差不多一年多时间,才形成这种阴谋。现在千钧一发之时,要釜底抽薪,必须向东北军在西安的将士们剀切劝说。我们在这里谨以至诚,给他们说几句话。

主动及附和此次事变的人们听着!你们完全错误了,错误的要亡国家,亡自己。现在所幸尚可挽回,全国同胞,这几天都悲愤着、焦灼着,祈祷你们悔祸。

东北军的境遇,大家特别同情,因为是东北失后在关内所余惟一的军团,也就是九一八国难以来关于东北惟一的活纪念。你们在西北很辛苦,大概都带着家眷,从西安到兰州之各城市,都住着东北军眷属,而且眷属之外还有许多东北流亡同胞来依附你们。全国悲痛国难,你们还要加上亡家的苦痛。所以你们的焦灼烦闷格外加甚,这些情形是国民同情的。

你们大概听了许多恶意的幼稚的煽动,竟做下这种大错,你们心里或者还以为自己是爱国,哪知道危害国家再没有这样狠毒严重的了!你们把全国政治外交的重心,全军的统帅羁禁了,还讲什么救国?你们不听见绥远前线将士们,突闻陕变,都在内蒙荒原中痛哭吗?你们不知道吗?自十二日之后,全国各大学各学术团体以及全国工商实业各界谁不悲愤?谁不可惜你们?你们一定妄信煽动,以为有人同情,请你们看看这几天全国的表示,谁不是痛骂!就是(原文为"使",应是笔误——笔者注)本心反政府想政权的人,在全国无党无派的大多数爱国同胞之前,断没有一个人能附和你们的。因为事实最雄辩,蒋先生正以全副精神领导救国,国家才有转机，你们下此辣手，你们再看看全世界震动的情形，凡是同情中国的国家，没有不严重关心的。全世界的舆论，认定你们是祸国，是便利外患侵略，因为这是必然的事实。蒋先生不是全智全能，自然也会有招致不平反对的事，但是他热诚为国的精神与其领导全军的能力，实际上早成了中国领袖，全世界国家都以他为对华外交的重心。这样人才与资望，决再找不出来，也没机会再培植。

你们制造阴谋之日，一定能预料到至少中央直属的几十万军队要同你们拼命。那么你们怎样还说要求停止内战？你们大概以为把蒋先生劫持着，中央不肯打你，现在讨伐令下了，多少军队在全国悲愤焦虑的空气中，正往陕西开。你们抗拒是和全国爱国同胞抗拒，这样死了，教全国同胞虽可怜而不能见谅。你们当中有不少真正爱国者，乃既拼了命而祸了国，值与不值？这几天全国各地的东北同胞，他们都替你们悲痛，盼望赶紧悔悟，你们还不悔还不悟吗？

所幸者现在尚有机会，有办法，办法上且极容易，在西安城内就立刻可以解决。你们要从心坎里悲悔认错！要知道全国公论不容你们！要知道你们的举动充其量要断送祖国的运命，而你们没有一点出路。最要紧的，你们要信蒋先生是你们的救星，只有他能救这个危机，只有他能了解能原谅你们。你们赶紧去见蒋先生谢罪罢！你们快把蒋先生抱住，大家同哭一场！这一哭，是中国民族的辛酸，是哭祖国的积弱，哭东北，哭冀察，哭绥远！哭多少年来在内忧外患中牺牲生命的同胞！你们要发誓，从此更精诚团结，一致的拥护中国。你们如果这样悲悔了，蒋先生一定陪你们痛哭，安慰你们，因为他为国事受的辛酸，比你们更大更多。我们看他这几年在国难中常常有进步，但进步还不够。此次之后，他看见全国民这样焦忧，全世界这样系念，而眼前看见他所领导指挥的可爱的军队大众要自己开火,而又受你们的感动,他的心境,一定是自责自奋,绝不怪你们。从此之后,一定更要努力,集思广益,负责执行民族复兴的大业。那么这一场事变,就立刻逢凶化吉,转祸为福了。你们记住几点:(一)现在不是劝你们送蒋先生出来,是你们应当快求蒋先生出来。(二)蒋先生若能自由执行职务,在西安就立刻可以执行,你们一个通电,蒋先生一个命令就解决了,几时出西安,是个小问题,谁不是他的部下,谁不能做卫队呢?(三)切莫要索保证,要条件,蒋先生的人格,全国的舆论,就是保证。你们有什么意见,待蒋先生执行职务后,尽可以去贡献,只要与国家民族有利,他一定能采纳,一定比从前更认真去研究。(四)蒋先生是中央的一员,现在中央命令讨伐,是国家执行纪律。但我们相信蒋先生一定能向中央代你们恳求,一定能爱护你们到底。

我们是靠卖报吃饭的,谁看报也是一元法币一月,所以我们是无私心。我们只是爱中国,爱中国人,只是悲忧目前的危机,馨香祷告逢凶化吉! 求大家成功,不要大家失败。今天的事情,关系国家几十年乃至一百年的命运,现在尚尽有大家成功的机会,所以不得不以血泪之辞贡献给张学良先生与各将士。我想中国民族,只有彻底的同胞爱与至诚能挽救。我盼望飞机把我们这一封公开的信,快带到西安,请西安大家看看,快快化乖戾之气而为祥和。同时请西安的耆老士绅学生青年,都快去求张先生、杨先生们照这样做,这是中国的生路,各军队的生路,也就是西安二十万市民的生路。全世界全中国这几天都以殷忧的目光,望着西安阴郁的天空赶紧大放光明罢! 万万不要使华清池西安等地,在中国历史上成了永久的最大的不祥纪念! 我们期待三天以内就要有喜讯,立等着给全国的同胞报喜。

在张季鸾看来,解决这一事件的出发点,首先是保证中国团结,保住蒋介石的性命,但又不能伤害急于抗日的东北军的感情,同时提醒各方当事人日本会借此事扩大对华侵略。在张学良和杨虎城中,张学良的为人他比较了解,而张学良的确是西安事变的关键人物。因此在社评中,他从东北军和张学良入手,用真挚的感情化解他们的矛盾。

这篇社评在见报之前,宋子文、宋美龄兄妹是看过的。南京政府把18日的《大公报》加印了数万份,用飞机空投到西安市区。

张季鸾在"西安事变"中的作为,学者王鹏分析认为,恐怕既有拥戴蒋介石的成分,又有大敌当前、尽力避免内战的考虑。"西安事变"期间,张季鸾对他的部下徐铸成说过:"千万勿破坏团结,遗人以口实,让敌人乘虚大举入侵,各个击破。"

1936 年 10 月 5 日,毛泽东、周恩来致函张学良,
阐明中共方面的主张。这是毛泽东起草的信稿

和平解决西安事变也是中共的思路。对于张季鸾对事变的影响,

中共高级领导人也是充分肯定的。1941年9月6日，张季鸾在重庆病逝。毛泽东从延安发来唁电，称张先生"坚持团结抗战，功在国家"；周恩来、董必武等在重庆参加吊唁活动，并谓"季鸾先生，文坛巨擘，报界宗师。谋国之忠，立言之达，尤为士林所矜式"。评价之高，不可多见。

事变和平解决后，在上海《大公报》编辑部，张季鸾与王芸生有过一次长谈。他们认为，目前蒋正在积极准备对日全面作战，正需要像张学良这样的抗日杀敌虎将，况且张学良并不是罪不可赦的。张学良于12月26日亲笔写给蒋介石的悔过书，并非"违心之作"，起码在当时是相当真诚的。他们两人都被悔过书所打动。张学良的悔过书如是说："介公委座钧鉴：学良生性鲁莽粗野，而造成此违犯纪律大罪。兹腼颜随节来京，是以诚恳领受钧座之责罚，处以应得之罪，振纲纪，警将来。凡有利吾国者，学良万死不辞，乞钧座不必念及私情有所顾虑也。学良不文，不能尽意，区区愚忱，伏乞鉴谅！"

张、王二人为何肯定悔过书是真诚的呢？他们认为，最大的明证乃是张学良背着杨虎城，也背着周恩来，冒死送蒋回南京。张学良自认只要他真心悔过，拥蒋抗日，蒋是会念旧情的。谈到此，激动的张季鸾突然放声说："走，去见蒋力谏放张！"

杨虎城（右）

后来，张季鸾乘蒋介石庐山避暑时，草草行装前往庐山。蒋介石在"美庐"会见了张季鸾，当蒋得知张季鸾是来为张学良说情时，满脸严肃无表情，而当张谈到张学良的悔过是真诚的时候，略见蒋的面部

张学良（左）在台湾

稍稍有点变化，但很快又恢复了如前之态。张季鸾动情地说："千军易得，一将难求啊！"但蒋仍不动声色。张季鸾已经明白，他是不可能说服蒋介石的。仅停了一日多，张季鸾就匆匆地离开了庐山，离别时他深深地为张学良的命运和前途而悲叹！

半个世纪后，1986年，时值张季鸾百年诞辰纪念，台湾举办了大型活动，张季鸾的儿子张士基应邀参加。期间张学良将军与张士基会了面，张将军并没有多谈西安事变，而在张士基面前背诵了1936年12月18日《大公报》社评《给西安军界的公开信》，畅如流水，毫无错误。

无论如何，中国的命运改变了，抗战全面爆发。

抗战全面爆发

1937年7月28号，日军进攻北平南苑，第二十九军副军长佟麟阁中将和第一三二师师长赵登禹中将阵亡。由于交通断绝，天津《大公报》发行范围缩小到市内。上海《大公报》随即发表声明称，假如天津政府被日军或汉奸机关取代，天津《大公报》将自动停刊。天津《大公报》苦撑了四天之后，天津落入敌手，胡政之和张季鸾悲愤交加，相继坐镇上海，继续声援抗战。

日军在占领华北后，随即开始对华中和华南的侵略。其实早在7月12日，日本海军军令部就已秘密制定了详细的对华作战方案：首先在战争的第一阶段，配合陆军进行华北作战，战争的第二阶段，在陆军的配合下进行上海作战，将战争扩大到华中和华南。他们叫嚣"欲置中国于死地，以控制上海和南京最为重要"。日军海军首脑经过协商，于7

月 28 日电令长谷川清,要求立即撤退长江沿岸的日侨,为华中作战做准备。

随着日侨撤退的顺利进行,日本态度立即强硬起来,这预示着上海的激战即将来临。8 月 9 日下午 5 时 30 分左右,日本海军陆战队驻沪西的第一中队队长大山勇夫中尉和 等兵斋滕与藏,驱车冲过上海虹桥机场警戒线。中国保安队喝令停车,大山竟开枪射击,打死保安士兵一人。中国保安队当即予以还击,击毙大山等人。上海市长俞鸿钧闻讯后,立即与日方领事进行交涉,谋求以外交途径解决冲突。但日本以"着日本海军制服的军人被中国军队所杀,是对皇军的极大侮辱"为借口,乘机要求中国政府立即撤出上海市内保安部队,拆除军事设施,并以武力相威胁。8 月 11 日,敌第三舰队驶集黄浦江及长江下游浏河以下各港口,有即在淞沪登陆发动战事的企图。8 月 13 日,日军集中驻沪陆军及海军陆战队约万余人,向我保安队进攻,淞沪战事即告发生。

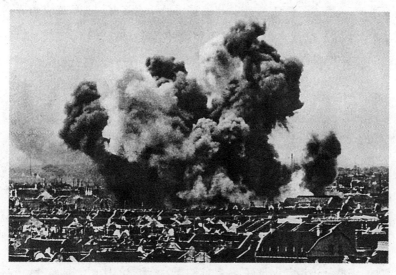

日军攻占上海闸北后,纵火焚烧民房

上海抗战爆发后,上海《大公报》及时调整报道部署。胡政之宣布把外勤课并入通信课，范长江为主任，王文彬为副主任。由于运输困难，报纸缩为一大张，另出临时晚刊半张，报道内容着重战事新闻。报馆增设战地特派员，有范长江、孟秋江、陆诒、张蓬舟、高元礼、徐盈、赵惜梦、戚长诚、唐纳等。各路记者奔赴前线，高元礼驻昆山陈诚总部，唐纳驻嘉兴张发奎总部，张蓬舟担任上海附近宋希濂、王敬久、孙元良三个军部的采访任务。后来江湾、闸北战况紧张，四行仓库成为战斗的重点地区，八十八军孙元良在仓库内设立军部，《大公报》调张蓬舟随军采访。四行仓库在苏州河北岸，地属闸北，南岸就是公共租界。苏州河上有军部的一只小渡船可乘，但因为租界戒严，只能夜里去白天回。记者每天从军部收集到最新的战况，由部里唯一一部可以通租界的电话向编辑部通话，王芸生亲自接电话并编写报道。如此二十多天，直到 10 月 26 日大场失守，军队退守沪西苏州河南岸。半个月后，日军由杭州湾金山卫登陆，从背侧围攻我军。11 月 10 日，青浦失守，南市被占，我军西撤，上海成了孤岛，上海战事的采访也就此结束。上海抗战坚持了三个多月，《大公报》将前期的战争报道集结起来编成《上海之战》出售，三天就销完了。

编辑部内部对抗日救亡的认识比较一致，大家对抗战的新闻报道和言论撰述都全力以赴。当时上海(也是全国)发行量较大的《新闻报》对记者采写的战地通讯不予采用，连续扣发，老板直接找到写战地通讯的记者陆诒说："这次打仗，总会有结束的一天，不管谁胜谁败，将来我们还是办报、做生意的。在新闻报道上还是以留有余地，采取比较中立的态度为好！"在国家危难、民族危亡的关头，一个报社居然还要站在中立的立场，继续做生意，这是任何一个有血气的中国人都难以理解和容忍的，因此陆诒说："那也好，你办你的报，我走我的路。"于是离开《新闻报》，在范长江的介绍下，于 1937 年 10 月中旬进入上海《大公报》，下旬立刻被派到山西战场采访。那时全国主要战场上都有《大公报》记者的身影,因此这一时期《大公报》的战地通讯非常精彩。

早在上海虹桥机场事件爆发后,胡政之和张季鸾就感到,上海也非久守之地,上海《大公报》将像天津《大公报》一样,必为抗战而牺牲。为给《大公报》留有退路,他们决定沿长江西去,创办武汉《大公报》。上海抗战爆发第二天,胡政之同时电令南京办事处曹谷冰和天津《大公报》员工,分头火速赶往湖北,筹备武汉《大公报》。随后,总编辑张季鸾率孔昭恺、李清芳等也开赴汉口。

张季鸾离开后,上海版的编辑业务完全由王芸生负责。他每天除了写社评、看大样,还亲自安排重要新闻的报道工作。战地记者范长江、杨纪(张蓬舟)、高元礼(高公)、徐盈、孟秋江、陆诒以及社外记者小方,每晚从战场打来战报电话,王芸生都要守候到最后一条消息才截稿。

此时《大公报》言论的写作也彻底放手交与王芸生了。1937年8月17日,由王芸生撰写的短评《在大时代中翻身》发表。短评说:

> 昨天是沪战的第四日,连朝风雨,乍转晴朗,在丛丛浓云中露出阳光。这阳光照耀着地上的血迹。大时代中的大上海,一面展开热烈的民族战争,一面描绘凄凉的都会惨景;在机影炮声之下,人们紧张焦急,心头眼里,都似有重大的期待。偌大市场,家家商店闭着大门;摩天楼下转徙着无家的流民。夜的马路比死还静,惨亮的路灯,照不见一个人影。一道闪电,一个轰雷,是炮声追逐着火线。中国的儿女,敌人已把我们拖入大时代,我们便应该勇敢坚决地使我们的民族国家在大时代翻身!

鉴于国家和报馆经济上的困难,王芸生倡议《大公报》职工改支"国难薪",即只发给员工半数工资,得到总经理胡政之的赞同,并通告实行。

上海抗战打了整整三个月,到1937年11月12日,中国军队付出了

1937年12月，占领上海的
日军举行入城式

重大牺牲后奉命撤离上海。此后一个月，虽然公共租界工部局总办发表谈话，警告租界出版的中文报纸立论要更加慎重、平稳，不要"刺激"日方，但是原有各方报纸不仅照常出版，而且照常发表激烈言论。《大公报》上海版每天仍在不大的篇幅上刊载战地记者们冒死采访回来的消息与通讯。

1937年12月13日，即南京沦陷的当日，日本占领军要求租界各报纸，自15日起须送小样检查，租界当局也只得通知各报一律接受日方新闻检查。当晚，总经理胡政之召集王芸生、张琴南、李子宽等主要人物商量对策。大家一致决定，宁肯停版，决不接受检查，王芸生则拿出了一篇早已准备好的社评稿，题目是《不投降论》。其中说：

> 不投降的意义非常重要。只要我们的武士不做降将军，文人不做降大夫，四万万五千万人都保持住中华民族的圣洁灵魂，国必不亡……我们是报人，生平深怀文章报国之志，在平时，我们对国家无所赞襄，对同胞无所贡献，深感惭愧。到今天，我们所能自勉，兼为同胞勉者，惟有这三个字——不投降。

许多《大公报》读者是眼含热泪读完这篇社评的，同样身陷绝境的他们深受感动与鼓励，于悲壮中体会一个中国人应有的气节和情操！

同时发表在12月14日最后一期上的还有王芸生的另一篇社评《暂

别上海读者》，同样感人至深。社评说：

> 是在艰难的环境下继续撑持下去，尽可能地为我们上海的三百万同胞服务一天算一天，一直尽了我们最后的力量为止。但是有一个牢固的信条，便是：我们是中国人，办的是中国报，一不投降，二不受辱。哪一天环境不容许中国人在这里办中国报了，便算是我们为上海三百万同胞服务到了暂时的最后一天。……我们是奉中华民国正朔的，自然不受异族干涉。我们是中华子孙，服膺祖宗的明训，我们的报及我们的人义不受辱。我们在不受干涉不受辱的前提下，昨天敌人的"通知"使我们决定与上海读者暂时告别。

1937 年 12 月 15 日，上海《大公报》拒绝向日本当局送检而自动停刊，可谓悲壮矣！但报馆在人员的遣散方面，却显得短视，将一些有用之才首先遣散，伤害了一些人的感情。萧乾当时被大家公认为写作能力强，社会关系多，因此被首先辞退，随后徐铸成等亦被遣散。

胡政之后来对此很后悔，他在 1938 年 8 月给萧乾的信中说，一年前遣散同人是动乱中的失策，对此很觉歉意，以后不论遇到任何困难，再不会做这种轻易散摊子的事了。的确，后来桂林版、香港版被迫停刊后，他都想方设法将人员留用下来。

2. 汉口阵地的坚守

《大公报》沪版的创办是其走向全国的第一步，由于胡政之、张季鸾间的分歧，迈得并不顺利。但对于筹备武汉《大公报》，二人意见高度一致，而且行动迅速。张季鸾要亲自挂帅，胡政之回忆说，张季鸾临行时，"咳咳呛呛，正在患病，但力疾而行，绝不躲闪。我送他出门，曾伤感地和他说，《大公报》已与国家溶为一片，抗战免不了毁灭一些东西，但毁灭之后，一定是复兴，《大公报》也是如此"。

张季鸾于 1937 年 8 月 17 日离开上海，一路颠簸，9 月初到达武汉。

9月18日，也是国耻六周年纪念日，武汉《大公报》创刊发行。

《大公报》汉口版创办

汉口《大公报》之所以顺利出版，得力于《大公报》在东北的一个通讯员赵惜梦，此人很得胡政之赏识，曾任国闻通讯社哈尔滨办事处主任，也算是胡的老部下。抗战前，他受关外流亡报人之托在汉口办一张《大光报》，托《大公报》代购机器和字模，并聘请一些工人去汉口帮忙，胡政之指定王佩之等帮助他。《大光报》办了不久因日寇入侵而停刊，当时胡政之料定上海《大公报》必难保全，便把这批器材买了下来，而等张季鸾到汉口筹划《大公报》汉口版时，正好用上，那批工人也继续留用。赵惜梦也进入《大公报》馆当了一名记者，写下许多优秀的战地通讯。

武汉《大公报》出版时期是中国抗战最激烈的时期，也是《大公报》和社会、国家联系最紧密的时期。不仅报馆的新闻报道及时，评论有力，业务开展得生机勃勃，而且积极投入社会活动，为前方战士募集善款,发挥了一个负责任的全国性报纸应有的作用和影响,那时它的意义远远超过了一份普通的报纸,成为民族精神的象征。

此时,蒋介石坐镇武汉,显示出一定的抗战决心,因此深受张季鸾的敬佩。在全国抗战形势下,张季鸾决心将报纸前途与国家命运联系起来,为国牺牲而在所不惜。张、蒋间关系更为密切。张季鸾甚至忘掉"四不"宣言,把《大公报》"完全贡献给国家,听其统治使用"。不仅报纸上言论完全为蒋服务,而且张季鸾自己也参与了蒋介石对日政策的制定,还接受蒋的指示,多次秘密接触日本方面,在尽量保全中国利益的基础上试探和平停战的可能。

自来到武汉后,确切地说自南京保卫战开始后,《大公报》关于抗战的言论发生了明显的变化。之前虽也鼓励抗战,但仍对"谋求和平"抱有希望。在1937年7月17日、19日、20日、21日连续发表的社评中,中心思想为"我们政府方针是求和,不求战","在最后一分钟间,亦不放弃其经由正当外交机关觅求和平解决的希望"。这样的言论,其基础为当时报社奉行的"国家中心论",言论以服从国策为原则。

那时蒋介石对德国驻华大使陶德曼的国际调节抱有幻想。蒋介石决定接受"调停",是在1937年11月上海、太原相继失陷,抗日战事遭受重大挫折之后。上海、太原失守,意味着整个华北、华东均将落入日本侵略者之手,中国对日作战将不得不转入持久战的局面。蒋认为以中国现有之政治经济条件,持久抗战,难免会带来一系列严重问题,希望能够避免。12月2日,蒋介石接见陶德曼,正式表示可以接受德国调停,并强调了不承认日本战胜,华北主权完整不得侵犯等基本条件。

但陶德曼的国际调停对日军不起任何作用,日军悍然进攻南京。在这种情况下,蒋介石对国际调节也开始不信任,对日态度发生变化,对日宣战已成定局。12月13日,南京陷落,蒋紧急召集会议商讨应对之策,结果是"主和主战意见杂出,而主和者尤多"。蒋虽再三强调"此时如和，无异灭亡"，并发表宣言表示抗战决心，主和之声仍甚嚣尘上。
汪精卫甚至提出蒋、汪一同下野，由第三者出面组织政府，以换取日本
方面之谅解，令蒋备感困扰。

日军占领南京后，国民政府大门上悬起"膏药旗"

由于张季鸾当时常常与蒋介石会面，讨论时局，非常了解蒋的内
心。蒋介石希望通过《大公报》获得舆论的支持，因此自南京保卫战打
响后，《大公报》就转变了"谋求和平"的基调，指出今后"全国军人一致
的在蒋委员长统率之下，一心抗战，不知其他。后方大家，不要听谣言，
不可乱揣测"。在12月发表的多篇以此为基调的社评中，以12月8日
发表的《最低调的和战论》最为著名，影响最大。当时汪精卫等亲日派
在武汉组织了一个"低调俱乐部"，到处散布"抗战必亡"的悲观论调，一
时间谣言四起。针对这种状况，文章写道：

　　我们首都，已不幸在敌人围攻中，全国人在此时，应当重新对
敌人彻底认识，对祖国前途，更彻底检讨一下。

　　昨天东京电，敌外务省发言人说，欢迎第三者调解，但同时东

京已准备八十万人的游行庆祝，预备于占领我首都之日举行。大家只就这简单两条消息看看，就可以认识敌人是如何玩弄辱没中国，并可以知道敌人所谓调解是什么意义。

自卢沟桥事变发生以来，中国没有一天拒绝过调解，但始终是中国肯，日本不肯。最近又发生调解的声浪，但试问假若日本尚有万分之一的诚意，那当然要停止进攻，然后才能说到和平调解，现在怎样呢？这四个月来，以海陆空大军进攻中国南北省区，其直接加诸中国的军事的摧残不用说了，其在城市，在乡村，在陆，在海，以飞机，以炮火杀戮我们的平民，不知道多少千千万万，焚烧摧毁我们平民的财产，又不知道是多少亿多少兆，这都不用说了，而现在一面言欢迎调解，一面庆祝进攻我首都！

这可以知道敌人所谓调解之意义，只是庆祝胜利后的纳降，其最毒者，乃希望我合法的正统政府肯接受他占领我首都后之所谓和议。因为如此则省得他制造傀儡，并且可藉我正统政府之力，以自己消灭国内的抗战精神，同时使国际上无法说话。这于他太便利，太合算了，而中国怎样呢？

我们是无党无派的报纸，向来拥护统一，服从国策，在开战以前，从没有一天以言论压迫政府主战，也从没有符合一部分人年来所谓即时抗战论，以使政府为难。今年卢沟桥案发生以来，认为大难临头，更不容伸张私见，所以始终只是拥护蒋委员长在庐山演说之主旨，并阐扬军事上外交上政府屡次发表之正式声明。所以自抗战发动以来，一面鼓动军民抗战，一面拥护政府在外交上之立场。因此之故，我们亦向不反对国际调解，亦不反对外交上之多方运用。但事到今天，也不容不大声疾呼，请求政府当局，对于最近发生的所谓调解问题，应下明白之决心了。我们以为政府即日即时，应当明白向中外宣布，如日本不停止攻南京，如日本占了南京，则决计不接受调解，不议论和平。我们以为这绝对不是高调，乃是维持国家独立最小限度之立场。我们不问日本条件如何，总之一面庆祝攻占南京，一面说和议，这显然证明日本抹杀中国独立与人格，那条件之劣，就不问可知。且纵令条件在文字上粉饰得过去，但实行起来，一定在实质上丧失独立。因为他若诚意议和，就断不会再攻我首都，既攻首都，就是想叫我正统政府于失尽颜面之后，再屈服给他。敌人既存心如此，试问怎样和得下去，换句话说，怎样屈得下去呢？

我们认识国家军事上经济上之种种艰难，同时极不满于英苏美等比京会议之虎头蛇尾，但无论如何，我们必须自己努力保持国家之独立与人格。这个如不能保，则不但抗战牺牲，付诸流水，并且绝对无以善其后。中国今天，虽在此危急环境之中，但仍有一极强之点，就是军心团结，永无内乱。倘使我正统政府于失了首都后，反而接受所谓和议，则国内团结，亦将立时不保，那就怕真要成瓦解土崩之大祸了。国民政府迁渝办公之日，发表宣言，说为的是避免城下之盟。城下之盟，固然可耻，但犹是政府在城之中。现在于第三者动议调解，我已声明可以考量之时，而还要攻我首都，并且大举庆祝，这比逼迫我作城下之盟，其意思还更要毒辣，其辱我欺我的程度，还更加几倍了。我们境遇，现在很艰难，但不可以自己更增加其艰难。

敌人的进攻已经够猛烈了，不可以再加上一个"自溃"。我们当此危急存亡之日，请求全国军队，全国各界，共同维护住我卫国抗战的最高统帅部之大旗，共同拥护蒋委员长于千辛万苦之中，贯彻叠经声明之国策！倘南京不幸被占，应明白拒绝名为调解实为屈服之一切议论。所有政治上军事上的缺陷，大家诚意扶助领袖，在三民主义之下，不分党派，同心奋斗！这样下去，或者被占领地，要出现多少汉奸组织，一如上海发现之所谓大道政府之丑怪傀儡，但是那完全代表不了中国，完全是敌人负责，所以并不可怕。我们全国一切拥护国家独立的人，依然可以守住正统政府，大家心安理得的工作与牺牲。这样，中国就永不亡，民族精神也永不至衰落。时机紧迫，千钧一发，我们贡献这几句愚直之言，特别希望在汉口的政府当局们注意。

态度诚恳，语言悲壮，说理透彻，文章一出，和谣破产，坚定了当局中忧郁之徒、观望之辈的抗战决心。

《大公报》在汉口出版后，武汉外围已起战火。当时人心惶然，商业不振，广告不多，报纸只能依靠原来的积累来维持抗日救国的宣传工作，没有盈利。报社虽已初尝空袭滋味，但仍坚持出报，还经常印号外，鼓舞人心。《大公报》还在剧作家和电影导演的倡导下，与抗战旅行团部分人组织演出了抗日救国戏剧《中国万岁》，报社出经费，很多职工参加了演出，而演出收益全部拨作救济受伤将士之用。《大公报》武汉版发行量达五万三千多份，是武汉报业史上发行量的最高记录。

全力报道武汉大会战

武汉地处江汉平原，是平汉、粤汉铁路的交会点。1937 年 11 月国民政府部分机构由南京迁至武汉后，该地实际成为中国军事、政治、经济的中心，战略地位十分重要。日本军队妄图通过武汉一役彻底打败中国，迫使国民政府投降。武汉会战自 1938 年 6 月开始至 10 月结束，战场在武汉外围沿长江南北两岸展开，遍及安徽、河南、江西、湖北四省广大地区，大小战斗数百次，是抗战以来战线最长、规模最大、持续时间最长并具有重要意义的一次会战。

蒋介石亲赴武汉指挥，第九战区司令长官薛岳为前线总指挥。

武汉保卫战大大消耗了日军的有生力量，打破了日本妄想迫使中国屈服、早日结束战争的计划，成为中国抗日战争的重要转折点。以武

1937 年 8 月,武汉街头的征兵动员

汉会战结束为标志,中国抗日战争开始进入战略相持阶段。该战役也是国共第二次合作后,配合得最好的一次大会战。

这场战役对张季鸾来说也是最受鼓舞的一场战事。虽然战役以失败结束,但张季鸾却从中看到了中华民族团结不屈的精神和气势。时平津、上海、南京失守,而全国人心仍然有乐观的态度,张季鸾深为感动,身体虽然瘦弱,但精神却很旺盛。《大公报》发表大量歌颂抗日英雄的文章,报道战斗进程的消息。战地新闻成了读者最热爱的内容。范长江、孟秋江、杨纪、杨士焞、王少桐、溪映、小方等前线战地记者,纷纷发回优秀通讯,感动着读者,也感动着张季鸾。

战斗中中国方面首次投入空军进行作战,《大公报》敏锐地抓住这一振奋人心的事件,进行了详细报道。我们选录一段记者朱威民在1938 年 8 月 4 日发表的报道《武汉空战》:

(一)敌机七十一架来袭

八月三日的上午,正是大家拿着报纸翻阅张高峰战事消息的时候,电话铃响了,指挥部里的情报是敌机编队大批来袭武汉。于是,这些生龙活虎似的青年飞航员,马上套起夹克外衣,奔向飞行场。机械士们已把机器喂足了油与电,让这些轻装的空中龙骑士跨上机座,就开车滑走。这些龙骑士们一架一架的划一的从排列线上向前面上空起飞,像荒郊中的苍鹰,漫天盘旋。

从前面防空监视哨传来的情报完全到达的判断里,来袭武汉的敌机是:第一批六架,在距武汉仅五十公里的上空编队行进。第二批二十一架在距武汉七十公里上空行进,更有第三批的四十四架也在结队向武汉飞进。

(二)远道而来轰炸战果是炸毙小鸡十只

先是我方飞机升空,机声充满了警报鸣后的市空。慢慢的他们结队飞向大武汉的四周与高空层去布防警戒,于是市区上空陷于死寂状态,只有高射炮的大黑嘴伸长颈项等候他的可口食物之来临。

十点半钟,编队飞行的大批敌机由襄河长江毗连处上空进入我汉口飞行场航线。嗡嗡的重轰炸机声沉闷的带来日本军阀蛮横臭气,在高射炮阵地指挥的吴连长用他的望远镜紧张的向晴朗天空搜索敌机,在极高极远的天边,是九架微小的灰白点子编队向机场前进。一会儿,在九架后面又跟进九架,这些都是敌人重轰炸机,在后面,更高空还有十架轻悄的九六式驱逐机在做着掩护。

到机场上空,这些远道来客马上撒下带来的炸弹。炸弹落下通过空距激动空气的风声像敲碎一阵玻璃那么清晰。半分钟不到,这些颇费力气载到汉口的炸弹都落下来,在机场后面村舍附近荒郊上开了花,有十只农家雏鸡在爆发的烟尘里毙了生命。

我们的高射炮手抓住敌机投弹机会匆匆的给他一阵瞄准射击,朵朵白云在这些灰黑心旁边浮起,虽未命中,却也够使敌机狼狈的拆散队形开足油门逃去。

(三)逃不出预布的天罗地网

在汉口北面我×大队的空中龙骑勇士,在布阵横阻于敌机逃生的航线。看见如此庞大一群目标漫飞而来,真是到口的肥肉,那能放松?一个个拉准机头,箭似的加快速度,向敌阵杀进。机枪吐着火舌,上下翻腾,逼得敌人轰炸机走投无路。这时,在上空掩护敌轰炸机的九六式敌机,马上从紧随状态中拆散队形,向我机来攻。我机于是放掉敌轰炸机群,来专和其驱逐机格斗。很快的××大队长与许宝君二人各控制敌机一架在手,一顿机枪狂射,都成了狂坠的尾旋状态栽下去。剩余的见不是对手,慌忙逃遁。被我机追到黄石港附近,由小苍鹰的神速机赶上追击,敌重轰炸机一架被击命中,起火坠下。

江南田野,武昌洪山的宝塔附近上空,我第某某两大队铁甲兵团,又遭遇到足有四十多架敌驱逐机,一阵热烈的厮杀,先后击落了八架敌机。这一顿冲杀总算是偿还了一些"七一二""七一九"二次敌机屠杀我武汉人民的血债。那些"大和魂"空中魔鬼都在我机勇士的机枪命中下了结了生命。

(四)我机返航琐话

我机追击残败的敌机像秋风扫落叶,直到近九江的江南北两岸才返航。在奋战之余,又得小心的安全着落,这批空中龙骑军可真是动如苍鹰,静如处子,一个个下了飞机,到指挥部里来报告战绩,谁也不能说那架敌机是谁的枪弹击中起火,那架敌机"武士"是谁的枪弹送命。大家集团的研究计算,共有十一架敌机尸骸葬送在我方集体火力网中。

对于还未归来的战士,大家对空尽目力去巡视,希望他们归来。在几分钟之间都陆续的回来了,是因为追击过猛的关系才致晚归。最后来了一架独归机是王建勋所驾,他的机子在追击中落了单,被敌机先后聚集了六架包围攻击,曳光弹破甲弹以及燃烧弹,不断的向他身前右左泻来。他的乘机一共中了六十多粒斑斑弹痕,他的飞行帽被击穿一孔,那粒子弹而且掠穿头皮,剃掉他的一撮美发,可是他不仅没有死,而且奋勇的击中一架敌机,看它尾旋栽了,才脱离包围圈驾机归来。

指挥部里的×主任,×厅长听了他的叙述,都很重视。×厅长用手抚摸了一下王建勋受擦伤的头,对于他今日大险不死,似乎以他"留得青山在,不愁无柴烧"为幸。

不论是当年还是今天,我们都无法不对这充满感情的报道感动,虽然我们知道中国军民在日本空袭中损失重大。

由于武汉地处平原,无险可守,日本军队武器先进,而国民党政府又采取片面抗战的错误路线,武汉也即将失守。随着国民党中央机关由武汉西撤到重庆,《大公报》在汉口即将休刊。1938年10月17日休刊号上发表了张季鸾的《本报移渝出版》声明,"我们的报,在津在沪,经多年经营,有相当基础。但自经暴敌进攻,我们的事业财产,已大抵随国权以俱沦。所以在汉出版,实际只是几个人,此外毫无所有。而这些人之所以贡献国家者,只有几支笔与几条命……自誓绝对效忠国家,以文字并以其生命献诸国家,听国家为最有效率的使用"。闻者无不感动落泪!

实际上,武汉《大公报》从创刊到停刊仅维持一年零一个月,但这段时间却是张季鸾一生中最紧张最辛苦的日子。白天,他要外出应酬、了解时事,晚上回报社撰文编报,还要兼顾经理部,实在是太累了。但这个时期又是他最兴奋的时候,作为一名报人,乱世反而成就了他的事业,社会公众舆论基本上以《大公报》马首是瞻。张季鸾本人经常出入蒋介石府邸,直接与之探讨国家大事,蒋也问及他本人对于欧洲战局和世界趋势的看法与判断。一个报人和他的报纸对社会和国家有如此影响，正是张季鸾等中国报人梦寐以求的事情。从王韬、梁启超到张季鸾，大家无不将英国的《伦敦泰晤士报》作为榜样，认为那份报纸，人们对它的景仰如泰山北斗一样，国家如有大事，都以它的言论为准则，报纸主笔所持有的标准也是人心所向。而当时《大公报》之于中国，竟如《伦敦泰晤士报》之于英国了。

范长江离开《大公报》

但武汉时期的《大公报》也有件憾事发生，那就是范长江的离去。以前大家多认为其中主要原因是范长江的政治取向在采访完西安事变

范长江

后发生重大变化，自动"投共"去了。现在大家都比较认同是范的一句话惹恼了张季鸾，即说值夜班是"出卖健康"，于是被张下了逐客令。张季鸾在所有《大公报》同事眼中都是宽厚的长者，他与人为善，提携后辈，宽容亲切，极少与人发生正面冲突，为什么却不能容忍一个为《大公报》作出重大贡献的记者值夜班发两句牢骚呢？因此，一句话惹恼张季鸾不假，但张并不会仅仅因为这句话而下决心让范离开。想当年比这严重的事情多的是，比如梁厚甫的社评，在刚开始时水平一般，受到胡政之等人的严厉批评，但张季鸾都为之作了保全，而范长江以战地通讯名满业界，岂有不容之理？

据《大公报》旧人台湾陈纪滢回忆，"《大公报》之所以解聘他（按，指范长江），虽然近因是'不能出卖健康'一句话，但肇因却是他的品德有亏"。原来范长江曾写过一篇文章大骂察哈尔省主席兼保安司令刘汝

明,认为他懦弱无能、贪污不法,在社会上影响很大。但后来刘汝明告诉陈纪滢说:"有一天,范长江在我所属各县贴出公告来,说是要组织民团,以备抗日。我叫人去问他,奉何人的命令去这么做? 他说是奉汤恩伯将军的命令。我再电询汤将军,汤复电说没有。我叫他看电报,他出口不逊,于是我叫人告诉他,赶快离开察哈尔。"这件事传到报馆后,张季鸾"大为光火,《大公报》派出去的人,焉得能有'敲人竹杠'的嫌疑? 二者'招兵买马'岂是一个记者分内之事? 且事前报社当局毫不知情"。另外还有一些对范长江不好的传言,虽无法证实其真实性,但也使张季鸾对他的看法产生了影响。这就是陈纪滢所讲的"品德有亏"之事,这里的"品德",当然不是指人品,而是《大公报》记者遵守报馆纪律、职业操守等方面的内容。

当然这件事情我们如果从另一个角度看,却是范长江革命本性的使然,并不是陈纪滢所言"品德有亏"问题,而是抗日立场问题。组织民团,发动民间力量进行抗日,正是共产党的主张,从历史的角度看,何错之有呢? 错就错在他的民间抗日主张和张季鸾的"国家中心"原则是冲突的。种种迹象显示,张季鸾最不能容忍的就是政治上的"偏激",何况当时他和蒋介石关系密切。而范长江在此时,政治立场已经发生变化,比较倾向共产党,这种变化一定会在他日常的言语中有所表露,以他当时的声望,可能会对《大公报》其他人员带来影响,这种影响是张季鸾不愿看到的,是背离了他的以国家为中心、以蒋介石为正朔的观念的,因此借范长江的一句牢骚"出卖健康"而赶走了他。

3. 重庆时代

1938 年武汉大会战爆发后,国民政府就命令武汉报刊立即撤离。《大公报》遵循蒋介石的旨意,拖到最后时刻才西迁。蒋介石甚至为《大公报》提供了极为珍贵的飞机座位,虽然只有一两个,但在这万分紧急之时，显示出《大公报》在他心中的分量。武汉《大公报》对西迁早有准备。1938 年除夕，曹谷冰奉命到重庆筹备渝馆，经过三个月紧张工作，建馆事宜就绪。原打算武汉撤守前，武汉、重庆同时出版，但当时香港《大公报》正在筹建，人力财力均不允许，因此只在重庆设办事处，从 9 月 9 日开始发行航空版。这样安排，是以备武汉有事，《大公报》可以立即西迁，续上汉口版。由于撤离时交通工具不足，弃置了不少办公用品，勉强送上船的纸张和器材，又在宜昌附近江面遭到日机轰炸，造成重大损失。如此种种困难，使得《大公报》在渝的出版日期拖到 12 月 1 日。

渝版《大公报》设在重庆新丰街 19 号（后迁到李子坝），营业部设在中山一路 96 号，每天出一大张。报馆由张季鸾主持，曹谷冰任经理。由于张季鸾肺病越来越重，不久便退居二线，由王芸生任代理总编辑。

在渝版创刊当天，《大公报》发表社评《本报在渝出版》，"现虽复刊，以交通关系，员工尚未到齐，器材全在途中，故在续刊之初，一切简陋。但同人等绝不敢因此自馁，仍挣扎努力，以为国家及同胞服务"。

第二天再发社评《抗战大局》，激励人心，"日寇已真正发了灭亡中国的大野心！这个中华民族的死敌，与我们业已到了彼此不并存的关头！我们中国人，如果不甘子子孙孙做日寇的奴隶，便惟有忍受一切苦难，不怕一切牺牲，战下去！战下去！战下去！……国家要更统一，大家一致听从最高统帅部的命令，政治要更团结，党派之间再不许有摩擦。凡是削弱统一、松弛团结的行为及言论，无论出自何地何人，何党何派，都等于汉奸的行为"！

重庆《大公报》贡献给读者最多的就是抗日的决心和信心。在这里，它自己曾身经六次轰炸，馆舍被毁而毫不退缩。

1938 年 2 月 18 日至 1943 年 8 月 23 日，日军先后出动九千多架次战机对重庆进行两百多次空袭，累计投弹二十多万枚，造成近三万人伤亡和近两万幢房屋被毁，史称"重庆大轰炸"。在这场持续达数年之久的"大轰炸"中，重庆版《大公报》馆曾六次被炸。第一次被炸是在 1939 年的 5 月 3 日，日军以国民党军委为目标，大规模轰炸重庆闹市区，"我们的报馆在火舌与烟雾飞卷飘散中挣扎着，大家在搬东西，只有一点印刷器材、书籍和存

清理轰炸现场

稿"，工友王凤山不幸牺牲。《大公报》工厂被毁，不得不借用兄弟报刊的编辑部办公，委托他人代为印刷。敌机第二次来袭，储奇门码头两千百姓陈尸江边，重庆报业十分之九严重受损，重庆《大公报》馆自不例外，几乎被夷为平地。

而此时，张季鸾病情已经恶化，正在走向生命的终点，胡政之不得不从香港赶来山城，分担张季鸾的行政压力。胡政之争分夺秒，在近郊李子坝选定新址，投入大量人力财力，重新营建重庆《大公报》社。

李子坝一面是高山，上接浮图关，一面是陡坡，下临嘉陵江。胡政之让人在离报社不远的山下凿两个防空洞，一个安排印报机，一个供员工防空。空袭中，只要把版排好，送入防空洞打版上机，出版即可保证绝无间断。1940 年，为摧毁蒋介石的抗战意志，日本空军对以重庆为中心的大西南，又进行连续半年的狂轰滥炸，8 月 30 日和 9 月 15 日这两次轰炸，把《大公报》在重庆近郊李子坝新建的经理部和办公楼炸毁，印刷厂的一个车间也荡然无存。但在半山腰防空洞里的印刷机却始终没

有停转,重庆《大公报》的出版一天也没有间断。

1941 年 7 月 10 日,重庆《大公报》馆第五次遭到轰炸,位于李子坝的经理部大楼直接中弹,半遭焚毁,半成瓦砾,编辑大楼则被震过猛,屋顶裂开。"炸后适逢大雨,全部员工雨中露宿者两夜"。不幸的是,同年 7 月 30 日,报馆第六次被炸,印刷厂中弹,印刷机架被毁,纸张和其他器材也损失不赀。环境如此恶劣,重庆《大公报》的销量仍稳步上升,相当于重庆所有其他报纸销量的总和。1944 年后《大公报》重庆版出有日报和晚报,日报发行量最多时达九万余份,晚报发行量最多时

重庆李子坝公路

达三万余份,两项相加,超过十二万多份,"创重庆报业史空前之纪录"。

《大公报》人以抗战必胜的信念和高度乐观主义精神去应对侵略者带给他们的困难。战时电力不足,工友们就用手摇的方式推动机器印报,每天都要"纯用人力把机器摇动几万转"。敌机实行"疲劳轰炸"时,防空洞就成为报纸及时刊行的重要保障。对此,《大公报》人深感自豪。王芸生在一篇社论中这样写道:"在我们的防空洞内,编辑照样挥笔,工友照样排版,机器照常印报,我们何尝少卖了一份报。"

抨击汪精卫投敌叛国

抗战进入相持阶段后,日本政府也改变了对中国的侵略方针,由军事进攻为主,转为政治诱降为主。1938 年 1 月 16 日,11 月 3 日,日本近卫内阁连续两次发表所谓《近卫声明》,改变过去的"不以国民政府为对手"的论调,企图绕过蒋介石和现任政府,在中国支持一个傀儡政权。

汪精卫的公开投敌就是在这样的背景下发生的。

在汪打算投敌前，蒋介石曾多次派人与他联系，希望他能悬崖勒马。这个时候，张季鸾通过内部消息已经知道了事情的发生，但他和《大公报》保持了慎重态度。12月18日汪精卫潜出重庆，第二天，张季鸾在编辑部气愤地说："这个人真是岂有此理！"还说，他的出走，虽是国民党内部的事，但影响抗战大局。为了维护抗战团结的大局，直到12月24日，《大公报》才刊登了这样一条消息《汪副总裁出国，现抵河内就医》。因为日本近卫已于两天前（22日）发表第三次声明，提出所谓"善邻友好，共同防共和经济合作"的三原则。针对这一无耻声明，《大公报》发表了题为《辟近卫之谰言》的社评，逐条批驳近卫的各个谎言，最后说："我们声明：中国的国策绝不动摇，暴日若不放弃其亡华霸亚的野心，我们的抗战绝不停止，近卫再有千万篇声明，只有更坚固中国的决心！"26日，蒋介石发表讲话，驳斥近卫声明，27日《大公报》盛赞之，认为"委员长痛斥了近卫的声明，代表全中华民族揭破了敌人的野心！"但29日，汪精卫发表"艳电"，呼吁国民政府接受近卫的声明。1939年元旦，国民党中央执行委员会宣布永远开除汪的党籍并撤消其一切职务。《大公报》发表评论支持这一决定。

2月，蒋介石派人到河内劝说汪精卫出境游历，汪决定考虑，但3月军统头子郑介民率人到河内刺杀汪未遂。汪精卫返回上海，与日本签定了投降协议《日支新关系调整要纲》，在此过程中，《大公报》一方面指出"以汪氏这样一个有历史地位的人，竟有这样的举动，无论如何，均是极可痛惜的事"。同时指出，中央政府对这样一个预谋已久的策划，竟然疏于防范，实在是"姑息养奸"，并敦促政府对附逆汉奸绳之以法，治以重罪。

1940年初，汪精卫身边的高参高宗武、陶希圣脱离汪精卫，带《要纲》秘密到港，将文件交《大公报》全文发表。1月22日，香港《大公报》

在要闻版以大标题发表独家新闻《高宗武、陶希圣携港发表，汪精卫卖
国条件全文》，副题为"集日阀多年梦想之大成！极中外历史卖国之罪
恶！从现在卖到将来，从物质卖到思想"。23日重庆版发表社论《敌汪
阴谋的大揭露》，指出所谓日中的新关系就是"亡国毒药。汪精卫的所
谓'和平救国'，就是整个的亡国"。

1940年1月26日，日本特务机关纠集汪精卫、王克敏、
梁鸿志等在青岛开会，策划成立伪政权

1940年3月30日，汪伪"国民政府"在南京成立，《大公报》再发社
论，指责他"失掉了中国人的立场，……受敌人豢养，为敌人当特务，杀
爱国同胞，更与敌阀签定亡华条约，他就已从祖国的怀抱中死去。除了
与他同流合污的一群败类而外，再没有承认他是中国人而听他诱惑的
了……"。

在整个汪精卫投敌事件中，《大公报》的报道是以国家民族利益为
出发点的。在事件尚未到最坏境地而还可挽回之际，报纸则采用"不

闻"的方式,给汪以最宽松的舆论环境,促其转变;当事件已经发生,则报纸持坚决反对与痛斥之立场,骂他们是"贼"、"败类"、"丧尽天良",用强大的舆论震慑那些已经或准备投敌之辈;同时努力发现事件的积极一面,将其对抗战的影响降到最低。《大公报》指出,这是一件"可痛亦可喜之事",至于可喜之处在于,"此事是在国策人心均极坚定之时爆发,不致撼动大局"。

对"皖南事变"的态度

抗战进入相持阶段后,国共摩擦不断出现,1941年1月发生震惊中外的"皖南事变"。事变发生后蒋介石发出命令,宣布"新四军"为"叛军",取消其番号,将军长叶挺"革职",交"军法审判",并要求各报馆刊登国民党军委的"通令"。中共方面则向包括《大公报》在内的几家同情中共的报馆说明了真相,表示中国共产党为了国家民族的利益,坚持团结抗战,尽力防止分裂,希望朋友们支持正义,抵制中央社歪曲事实,污蔑中共。21日,《大公报》发表社评,一方面重申"一个军队"、"一个军令"的老调,表态拥护蒋介石,另一方面指出,"中国共产党在西安事变时的表现,是极合乎国家民族利益之公的,我们敢信中共现时必仍然信守国家至上民族至上的原则,在信守国家至上民族至上的原则之下,任何党派的政治主张容或因求治之急而近于激烈,非但可谅,亦且可敬……"。通篇不见"叛军"、"叛变"的字样。最后还替共产党说了几句好话,请求宽大处理叶挺。有人评价《大公报》的这篇评论是"圆滑的",采取的是"临时应付的态度"。其实这正说明了它对中共的同情态度,而这种同情态度的由来不是对共产主义的信仰,而是对共产党坚决抗日的认可,爱国抗日是《大公报》此时的基调。

对"晋南战事"的报道

1941年5月,日本侵略者为了尽快逼迫蒋介石投降,调集重兵向山西南部黄河北岸的中条山地区发动进攻。但蒋介石对积极调动的日军不作防备，导致国民党军队大败，三周内，不仅阵地全失，而且阵亡四万人，被俘三万余人，日军以极小的代价占领了中条山地区，他们叫嚣："这是事变以来罕见的战果。"

中条山战役又称晋南会战，国民党失败后，为了掩人耳目，放出谣言，说晋南战事的失败是因为八路军在一边袖手旁观的结果。而日本人为了分裂中国，也制造了此类谣言。对此，王芸生在5月中旬写了一篇社评，题目是《为晋南战事作一种呼吁》："晋南的战事，迄目前止，是敌人占了些便宜，于是它便作种种的夸大宣传，不是说我军死伤重大，就是说某某军官被俘，这已经我军事发言予以驳斥。尤其离奇的，是它对于第十八集团军的种种说法：（一）敌方广播：'以中条山为中心盘踞于山西省东南部之第十八集团军主力，于我军攻击重庆军时，不但始终持对岸观火态度，且出动游击队威吓重庆军侧面，并乘机解除败残军之武装。'（二）上海十六日合众电，敌陆军发言人秋山盛夸日军在晋南之战绩，并称：'日军与共产军素不彼此攻击。'（三）华盛顿十八日同盟电，《华盛顿明星报》发表社评称：'中国共产党可以背弃蒋委员长，转而帮助汪精卫。'……这些说法，固然大部分出自敌人的捏造，惟既播之中外，其事实真象，自为中外人士尤其我们忠良军民各界所亟愿闻知，因此我们热诚希望第十八集团军能给这些说法以有力的反证。第十八集团军要反证这些说法，最有力的方法，就是会同中央各友军一致对敌人作战，共同保卫我们的中条山，粉碎敌人的'扫荡!'"

此时正在重庆的周恩来，看到这篇社评后，感到事关真伪曲直，需要认真对待，因为当时《大公报》在读者眼中的分量，他是清楚的，蒋介石之所以要《大公报》出来说话，其原因亦基于此。为此，周恩来当夜疾书一封长信给《大公报》的张季鸾、王芸生，说明晋南战事真相，用事实给予"反证"。信中说："季鸾、芸生两先生：读贵报今日社评《为晋南战事作一种呼吁》，爱国之情，溢于言表，刬在当事，能不感奋?"接下来，一方面驳斥敌寇的谣言，另一方面历陈八路军的抗战业绩和共产党团结抗战的诚意。最后提出希望："敌所欲者我不为，敌所不欲者我为之……我信贵报此文是善意的督责，但事实不容抹杀。贵报当能一本大公，将此信公诸读者，使贵报的希望得到回应，敌人的谣言从此揭穿。"

接到周恩来的信，《大公报》负责人张季鸾、王芸生也很重视，他们不顾重庆一边倒的舆论氛围，毅然接受了周恩来提出的"将此信公诸读者"的建议，于 5 月 23 日在《大公报》重庆版上全文刊登了周恩来的来信，并配发社评《读周恩来先生的信》，再次呼吁国共合作，团结抗战。周恩来的信发表以后，在国统区引起反响，起到了澄清事实、纠正谬误的作用。这篇《读周恩来先生的信》的社评，是张季鸾扶病撰写的，他在社评中说："读周先生的来信，关于此点得到圆满答复，就是十八集团军一定协同作战。我们知道周先生这几年对于促进团结抗战，尽力之处特多。在现时，几乎是政府与延安间惟一有力的联系。此次给本报的信，我们不但相信其有根据，有权威，并且相信他正为此事而努力。"社评还重点提出了对处理好国共关系的希望："最好借此次在晋协同作战为起点，对于统帅部与十八集团军之间的许多应妥善处理的事情，都协商解决，重新再建团结的壁垒。"社评最后说："最好毛泽东先生能来重庆，与蒋委员长彻底讨论几天，只要中共对于国家前途的基本认识能真实成立一致的谅解，则其他小的问题皆不足障碍合作，而这种团结抗战的新示威，其打击敌人的力量，比什么都伟大。在此意义上，盼周恩来先生今后更多多尽力。"

实际上自抗战以来，日本人的谣言从来就没有停止过，《大公报》基本能判断准确。早在 1940 年百团大战中，大公报就发表社评《瞻望北方胜利》："三年多的抗战军事，'应战'二字，可以尽之。……这次北线之战，敌军未战，我们先攻；敌军将南侵，我们先北战，这在战略上讲，也是一种进步。""这次冀晋豫的出击，主要部队是第 XX 集团军，对敌人

百团大战后,八路军载誉而归

的谣言攻势,也给予一个致命的打击。敌人不是常在造谣说我们分裂内讧吗?这把铁的事实给你们看,我们的枪口是一致对着暴敌的喉咙放射,粉碎了他们的谣言,更歼灭了他们的残命!"《大公报》实际上对共产党在抗战中的言行都是比较关注和肯定的,不论是共产党抗日的言论,还是毛泽东、林彪的文章,都在《大公报》上刊登过。

周恩来看到自己的信在《大公报》全文发表,对张季鸾的气度深为敬佩,在张百年后,周公评价道:"作报社的总编辑,要像张季鸾那样,有优哉游哉的气概,如腾龙飞虎,游刃有余。"

荣获"密苏里新闻学院"奖章

在坚持抗战的困难境遇中,1941年5月,《大公报》迎来美国密苏里大学新闻学院"最佳新闻服务奖"的殊荣。这是中国报纸第一次也是唯一一次获得该奖。在此之前,曾获该项大奖的,在英国只有《伦敦泰晤士报》、《曼彻斯特卫报》,在美国只有《纽约时报》、《基督教科学箴言报》,在亚洲只有日本的《朝日新闻》和印度的《泰晤士报》。

密苏里大学新闻学院在给《大公报》的奖状全文中写道：

在中国遭遇国内外严重局势之长时期中，《大公报》对于国内新闻和国际新闻之报道，始终充实而精粹，其勇敢而锋利之社评影响于国内舆论者至巨。该报自1902年创办以来，始终能坚守自由进步之政策；在长期作报期间，始终能坚持其积极性新闻之传统，虽曾遇经济上之困难，机会上之不便以及外来之威胁，仍能增其威望。该报之机器及内部人员，曾不顾重大之困难，自津迁沪抵汉以至渝港两地，实具有异常之勇气机智与魅力。该报能在防空洞继续出版，在长期中虽曾停刊数日，实具有非常之精神与决心，且能不顾敌机不断之轰炸，保持其中国报纸中最受人敬重最富启迪意义及编辑最为精粹之特出地位，《大公报》自创办以来之奋斗史，已在中国新闻史上放一异彩，迄今无可以颉颃者。

1941年，《大公报》荣获密苏里大学新闻学院奖，
总编辑张季鸾(左五)、于右任(左三)在庆祝会上

5月15日，是密苏里奖章颁奖的日子，渝、港、桂三地《大公报》馆内喜气洋洋。特别是渝馆，陪都重庆各界人士纷纷发来贺电、贺信。中国

新闻学会、重庆各报联合委员会在上清寺国民党中央党部礼堂举行茶会,一些政要亲临现场表示祝贺,有蒋介石的代表贺耀祖,于右任、吴铁城、王世杰、陈立夫,以及美国、苏联、英国大使馆官员,各界代表三百多人,盛况空前。

会上,张季鸾代表全体报社同人郑重致谢,并认为自抗战以来,坚守在上海和沦陷区新闻同业的艰苦奋斗比他要英勇得多,誉他们为第一等报人。张季鸾说:"以《大公报》本身来说,我们根本不敢接受这项奖章,因为论什么也不配。论危险不抵上海同业,……论辛劳,也不抵前线从事宣传的新闻界同人,……但我们觉得这是国际间重视中国新闻界的首次,我们审慎考虑再三,勉予接受,以开启外人重视中国新闻之始。"

《大公报》的版面也很热闹喜气。除了刊登贺电、贺信、奖状全文外,还发表社评《本社同人的声明》,再次提到"文人论政"对中国报纸的重要:

> 中国报,有一点与各国不同。就是各国的报是作为一种大的实业经营,而中国报原则上是文人论政的机关,不是实业机关。这一点,可以说中国落后,但也可以说是特长……以本报为例,假若本报尚有渺小的价值,就在于虽按着商业经营,而仍能保持文人论政的本来面目。

张季鸾和胡政之等人将《大公报》的特点归为"文人论政",文人论政的基础和来源是中国文人、士大夫的传统道德和服务精神。曾有业内人士说,"中国报人的道德文章与服务精神,为国际新闻界、学术界注意,在国内受各届政府,以及社会各界重视者,应推季鸾先

密苏里大学新闻学院的荣誉奖章

生为第一人。新闻记者地位的提高，季鸾先生实有莫大的功绩"。

最后的指导

抗战中，《大公报》所有社评的出发点就是"一切为了抗战"，为了鼓舞士气，提高大家的抗日决心和信心，常常在中国遭受打击和失败，国人沮丧的时候，发表充满希望之词。常被大家提到的两篇著名社论，就是在"绝地"上作文章——这两篇社评被认为是张季鸾对《大公报》社评的最后的指导——其中一篇是《苏联波兰欧局与远东》。1939 年 9 月 17日，苏联突然出兵波兰，世界舆论为之一惊。早先苏联曾与波兰签定条约，承诺互不侵犯，友好相处。此变一出，当时《大公报》言论主笔王芸生一时感觉为难，因为当时苏中友好，如何立论成为难题。正在王芸生苦思冥想时，张季鸾一语点破玄机，"芸生，你去写文章，骂波兰，骂他是个不忠不智不义之国"。王芸生得到启发，写下社评，立意有三：一、波兰的失败是咎由自取，波兰由国际联盟而复国，却不忠于国际联盟；靠条约生存，而不忠于条约；趁希特勒东进而打劫，愚而不智，贪而不义，是个"不忠不智不义的国家"。二、苏联出兵波兰为的是保卫自己的侨民同族，这样做对欧洲的局势有明朗化的作用。三、中苏友好，中国最守条约，最尊国联，亲苏抗日，苏联不会负我。文章一出，蒋介石即指示国民党各报均以此作为立论基调。

另一篇《我们在割稻子》发表在 1941 年 8 月 19 日，正是日军对陪都重庆发动大规模轰炸的艰难时刻。社评发表前一天，王芸生去探望已病入膏肓的张季鸾，与他谈起敌机轰炸的事。王芸生叹气道："最近重庆很沉闷，我们何以报国人啊？"张季鸾说："芸生，你只管唉声叹气有什么用？我们应该想个说法打击敌人。"王芸生回问："敌机来了毫无抵抗，我们怎么可以用空言安慰国人打击敌人呢？"

突然间，本已极度虚弱的张季鸾拥被而起，兴奋地说："今天就写文章，题目叫《我们在割稻子》。就说，在最近十天晴朗而敌机连连来袭的

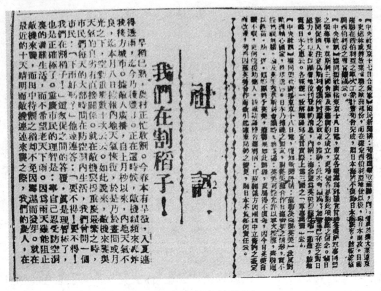

著名社评《我们在割稻子》

时候,我们的农民在万里田畴间割下黄金稻子。让敌机尽管来吧,让它来看我们割稻子。抗战到今天,割稻子是我们第一等大事。有了粮食,就能战斗。"

于是,《大公报》次日发表了王芸生撰写的社评《我们在割稻子》。文中说:"就在最近十天晴空而敌机连连来袭之际,我们的农人,在万里田畴间,割下了黄金之稻!"文章最后说:"话说回来,让无聊的敌机来肆扰吧!我们还是在割稻子,因为这是我们第一等大事。食足了,兵也足,有了粮食,就能战斗,就能战斗到敌寇彻底失败的那一天。"王芸生说:"这是我与张先生合著的一篇社评,也是最值得纪念的。"在纪念抗日战争胜利五十周年之际,当年《大公报》的老记者唐振常著文说:"《我们在割稻子》是一象征用语,代表了中国人民的坚毅精神,代表了中国知识分子不苟的气节。张、王两先生和《大公报》抓住了这一点,形象地表达了这种精神与气节。"

的确,在国力羸弱、军事低迷的时刻,《大公报》始终坚持挖掘积极的事情来鼓舞军民士气。在我们胜利的时候，欢呼雀跃，大长军民斗志；在我们失败的时候，鼓励劝勉、总结经验，防止灰心。它总是以积极的态度对待抗战中发生的一切，这种文字精神与张季鸾是分不开的。

然而，《我们在割稻子》竟成绝唱。十八天后，张季鸾病逝。

张季鸾去世

1941年9月6日，一代报人张季鸾走完了他淡泊宁静而跌宕传奇的人生历程，在重庆与世长辞，终年54岁。

张季鸾逝世后，蒋介石立即致《大公报》社唁函。函曰："季鸾先生，一代论宗，精诚爱国，忘劬积瘁，致耗其躯。握手犹温，遽闻殂谢。斯人不作，天下所悲。"各国政要、各国大使、政府官员、知识分子、重要的外国媒体纷纷发来唁电表示慰问，国民政府发布褒奖令，称赞张季鸾是"学识渊博、志行高洁"，"以南董之直笔，作社会之导师"，他的文章"能淬砺奋发，宣扬正谊，增进世界同情，博得国际称誉"。而共产党方面对他的评价是"团结抗战，功在国家"，"文坛巨擎，报界宗师"。

1941年9月7日《大公报》加黑框报道张季鸾去世的消息

9月26日,《大公报》社暨中国新闻学会和重庆各报联合会举行公祭张季鸾大会,蒋介石率孔祥熙、宋子文、张群、张治中、于右任、陈布雷等人吊唁。中共方面周恩来、董必武、邓颖超等也前往吊唁。张季鸾的灵堂布满鲜花挽联,吊唁者从清晨至夜晚,川流不息。灵堂中央,摆放着蒋介石题写的挽联:"天下慕正声,千秋不朽;崇朝嗟永诀,四海同悲。"但因为时值抗战艰苦阶段,报社条件艰苦,《大公报》在悼念的版面中竟无一张张季鸾的照片,只有文字的纪念,不能不令人慨叹。

次年4月29日,张季鸾灵柩归陕,陕西各界三千多人在西安西郊迎接。9月5日,在兴善寺举行公祭张季鸾大会,蒋介石再次亲临大会致祭。蒋很少出席这样的祭奠仪式,这次特地由川到陕,更说明蒋与张非同一般的关系。这一天,西安全市下半旗致哀。

直到蒋介石兵败,逃至台湾,还念念不忘这位挑了一辈子国民党毛病的"诤友"。在台湾的陈纪滢曾单独被蒋召见四次之多,每次见面,蒋都先问《大公报》的情况:"《大公报》的情形怎么样? 有什么人在此地? 季鸾先生的眷属有消息没有?"然后再谈正事。由此可见,蒋介石也为张季鸾的品行、心性和道德所折服。张季鸾至少在他那复杂而悲怆的记忆中留下了深深的印记。

4. 张季鸾、《大公报》与民国社会

民国时期的中国,《大公报》发行量不是最高的,但绝对是最有影响的。它的影响力来源于真实的新闻和负责的言论。《大公报》的成功是属于整个集体的,在这个集体中,张季鸾绝对算得上是灵魂人物。

张季鸾的社评很有影响。他如同英国《伦敦泰晤士报》主编巴恩斯、《纽约时报》驻华盛顿首席记者雷士顿一样,与政界高层有广泛而深刻的接触,能够通达政治的内幕,知道决策者的底线;同时与他们一样,张季鸾是与政府合作的,特别是当中国面临外敌入侵的时候,作为一个

传统的爱国知识分子，他唯一的选择就是依靠政府，支持政府，帮助政府。因此他对政府的一切批评都是为了让这个政权更坚固，而不是要推翻它。他深知中国的文化传统，因而在评论中浸透着循循善诱的传统道德力量，在传统文化力量依旧强大的民国，这样风格的评论深受社会精英阶层的欢迎；他通达上层政权，因此评论又受各级官员和政客的追捧；他的新思想又使评论富于时代感，不迂腐，因此在普通知识阶层中也颇有影响。

张季鸾与蒋介石的关系

报人和政治家是经常互相利用的。一般做记者编辑的，不论国内国外、过去现在，大多不能离开政治家，不仅政治家的活动、言论成为大家竞相报道的重点，更关键的是一些很有价值的内幕或独家报道就是由政治家提供的。因此报人和政治家的密切接触，于情于理都是需要的。但重要的是报人在这种接触中要保持独立性，出入自由，这才是成熟、理性和现代报人的作为。

报人必须掌握和政治家的关系尺度，不然，容易为政治家利用，成为党争的工具，沦为其喉舌。而且，政治家和报人观察和认识事件的角度也不一样。一般来说，一个报人越接近政治家的眼光，越熟悉政治家的脉搏，那么他的言论就能很好的和政治互动——不论是用赞同的目光还是用批评的语言——于社会的作用力越大。

因此我们在考察一个报人的活动时，不仅要看他在报纸上发表了什么，更要体察他为什么这么写，某篇出色的社评是如何出炉的，他的出发点是什么，目的是否达到？特别是在中国，文人论政的传统于报纸社评的影响很大。直到当代，很多著名记者在写评论时的目的就是要"为社会做贡献"，于社会有影响，成功地干预某事。

张季鸾是这方面的高手，他与很多政治家都是朋友，尤其与蒋介石关系密切。

从时间上看,张季鸾和蒋介石之间互相遥知是在东京留学时期,他们都曾留学日本,都见过孙中山。张季鸾在日本主编《夏声》杂志、声名初露时,蒋介石就有所知闻。而张季鸾初次将批判的矛头指向蒋介石是在1927年,蒋事业初成,头角崭露,新婚燕尔之际,张季鸾先后发表《离婚与再嫁》、《蒋介石之人生观》两篇文章,前者批评他一介寒士,"稍露头角……而更抛旧图新,宁非蹂躏女性,革命军人讵如是哉"。后者更是将其骂得体无完肤。

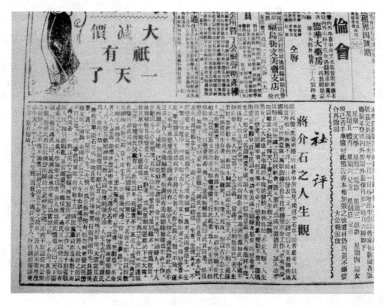

著名社评《蒋介石之人生观》

很多研究张季鸾的学者,都推崇这篇文章,但实际上这篇文章对于张季鸾自己来说,并不典型,也一定不被他自己看重。因为不仅这种文风在后来张的文章中不再见到,而且于笔者之浅见,文章立意亦并不高明,他甚至没有看到蒋、宋联姻所突显出来的政治意图,仅仅基于道德的立场,将中国现代史上最具政治意义的联姻看成是普通百姓间的喜新厌旧、弃妻再娶了,并没有触及到蒋的政治交易和野心。也就是说,这篇言论并没有抓住蒋的婚姻中真正让人病垢的政治交易的关键,因此蒋的"不计较"也是在情理之中的。李侠文曾对该文作过回忆:"他早期所写《蒋介石之人生观》一文,指责蒋身为总司令,在前方军士死亡以万计之际,在后方散发非有美满婚姻,就不能使革命进步的怪论,意旨严正,但行文极尽嬉笑怒骂之能事,大抵一时即兴之作,这种文字风格在他的文章中是绝无仅有的。"

这只能说明那时的张季鸾政治上还没有完全成熟。但他写的《呜呼领袖欲之罪恶》,斥骂汪精卫"特以'好为人上'之故,以殉其变化无常目标不定之领袖欲,则直罪恶而已",则有过人之处,后来汪精卫果然堕落为汉奸魁首。

蒋、张二人初次见面是在 1928 年河南郑州。当年 6 月,北伐军已攻至京津。张季鸾陪冯玉祥于 7 月 1 日凌晨赶到郑州迎接北上的蒋介石。与蒋同行的有国民革命军总司令部秘书长邵力子、秘书陈布雷和总参议张群。邵、陈是张在新闻界的至交,陈布雷为蒋所用前也是记者,并一度与张季鸾齐名,畏垒一苇,一时瑜亮。张群则是张季鸾留日时就熟识的老朋友。经他们介绍,张季鸾与蒋介石"悦然面晤",进行了全面的交流沟通,双方聊得开心满意。

冯玉祥

自郑州晤面后,蒋介石对张季鸾的好感,对《大公报》的嘱望日渐加深。蒋每日必看《大公报》,在他的办公室、公馆、餐厅各置一份,以便随时查看。

1929 年 12 月 27 日,蒋介石以国民政府主席的身份通电全国报馆,发出求言文书,电文的抬头为"《大公报》并转全国各报馆钧鉴",以官方态度明确肯定了《大公报》在全国报馆的舆论权威地位。

1931年5月22日,在纪念《大公报》发行一万期时,蒋介石送来亲笔题写的"收获与耕耘"贺词,称该报"改组以来,赖今社中诸君之不断努力,声光蔚起,大改昔观,曾不五年,一跃而为中国第一流之新闻纸"。

张季鸾敢说敢言,针砭时事之论不免"不合时宜"。1932年5月5日,中国政府与日本政府签订了《淞沪停战协定》,暂时结束了"一·二八"事变以来的军事对抗。国民党宣传部长叶楚伧准备对国内报刊进行整肃,他在一次国民党中常会秘密小组会议上就国内外报刊言论作了陈述,与会者一致认为《大公报》是最具影响力的报纸,其言论常使政府尴尬、畏惧。会议决定用金钱收买张季鸾及《大公报》,欲出资金十五万元。当时每石(一百二十市斤)米价约四元,十五万元可真不是一个小数目了,可以买四百五十万斤粮食,按现在的粮食价格换算,相当于人民币约七百万。

某日凌晨1时许,《大公报》总务主任到张季鸾办公室,递上一张十五万元的交通银行即期汇票,收款人是张季鸾,汇款人是国民政府文官处。当时张季鸾就把还没下班的编辑部人员统统叫到总编室,拿着这张汇票侃侃而谈,在讲了"文人要穷,文穷而后工"、"文人就是不能发财,否则文章写不出来"、"《大公报》要坚持十二字办报方针"等等言论之后,命总务主任将汇票退回。

张季鸾虽然拒绝被收买,但依然得到蒋介石的尊敬。1934年夏,蒋介石在南京大宴百官,人们惊奇地发现,紧靠蒋左边席位就坐的竟是一介布衣的报人张季鸾,而且还看见蒋给张频频斟酒布菜,二人谈笑风生。与宴者莫不有"韩信拜将,全军皆惊"之感。1938年抗战正酣,可蒋介石却未忘记这年农历二月初八是张季鸾五十寿辰,特向正在汉口的张致电祝贺,并派人送礼慰问。

从此,张季鸾参与国府的最高决策,内政外交,与闻密勿。蒋的"文胆"陈布雷曾说过:蒋介石对张季鸾的器重,除因张的文采出众、人品端正、操守清廉外,还是蒋"爱乌及屋"的结果。蒋对陕西人印象颇好,他在黄埔军校培养出来的学生,如关麟徵、杜聿明、董钊,以及张耀明、刘玉章、胡琏、高吉人、张灵甫等陕籍将领,都"卓著才干",追随他鞍前马后,南北征战,"忠心不二"。蒋介石曾对人夸奖说:"陕人是龙不是虫。"

而真正让张、蒋关系达到高潮的是西安事变。张季鸾的一篇社评,于事变的结局发生重大作用,并显示了发自内心的对蒋的尊重和关心。《给西安军界的公开信》不战而屈人之兵,转变了张学良的态度,也彻底俘获了蒋介石的心。

据说敢与蒋介石平起平坐,去蒋官邸事先不须通报的就有张季鸾。于右任曾开玩笑说:黄山(重庆蒋介石的官邸所在)有两个要人:一个是《大公报》总编辑张季鸾,一个是金融家康心如的儿子康国雄。别的人到蒋官邸去见蒋委员长,侍从室都要打招呼,叫自己看表掌握好时间,一般不能超过半小时,只有张季鸾和康国雄去,侍从室不限制时间。

但张季鸾与蒋介石并不是上下级关系,用张的话说,蒋先生以"国士"待我,我必以"国士"报之。他们在抗战问题上的"求同存异",以及《大公报》于社会的重要影响,使二人的关系有了维系的基础。

从武汉《大公报》时期开始,张季鸾在《大公报》上发表的许多坚持抗战、鼓舞斗志的文章,大都从维护国民政府利益、团结各方抗日这一基调出发,使蒋介石深感张季鸾的忠直和新闻舆论的重要。而实际上报纸的社评基调是受蒋介石抗日态度影响的,自南京保卫战后,《大公报》社评立足点的前后变化,由"缓抗,等待国际外交努力"到"团结一致,抗战到底",直接反映了蒋介石对抗日的态度。

张季鸾有时也直接向人透露某篇社论是"蒋先生的意思"。他有两次和记者朱民威谈到他和蒋介石的关系,"我们和蒋先生有直接的接触。前些时,陶德曼(德驻华大使)的调停,蒋先生就直接和我谈及细情以及不会有结果,所以我们就不会为谣言所动,也没有弄错一点外交新闻的报道"。"蒋先生关于军事上的重要布置,如在津浦铁路沿线侧面台儿庄对日军的大决战之前,蒋先生就指出那一地区将有大战。所以我们报馆赶紧把几位已在徐州的战地记者,指派去随战地的司令官行动,才有后来好多篇台儿庄大捷的详细报道"。"我们因为有英、美、法等国通讯社的电报新闻,以及驻欧洲的专人,所以国际上的大事,或即将发生的大事,每次我和蒋先生见面时,也是谈及的题材。蒋先生每次在谈到这些欧洲德意与英法之间的大事时,必问及我对欧局及世界趋势的看法与判断"。

但我们不能据此就认定张与蒋是不正常的利用关系,其实,这时张季鸾对蒋介石的支持,正是他的"民族至上、国家至上","抗战第一、胜利第一"思想的体现。因此与其说张季鸾是支持蒋的,不如说张季鸾是支持抗战的,或者支持蒋的抗战,而且不论是谁在抗战,他都是支持的。我们可以从后来发生的"七君子"事件中张季鸾的态度得到有力的佐证。

这件事的详细情况记载于胡子婴的《七君子狱中反诱降的斗争》,周雨的《大公报史》也摘录了一些,这里仅作最简单和关键的记录。"七君子"事件发生后,张季鸾忧心忡忡,奔波营救,并非只是出于对故交沈钧儒的关心。当时江苏高等法院以莫须有的罪证拼凑了漏洞百出的起诉书,"七君子"随即起草了针锋相对、有理有据、义正词严的答辩状,把起诉书驳得体无完肤。但不少报纸迫于国民党的压力不敢发表。当时胡子婴找到张季鸾,希望《大公报》能发表这篇答辩状,没想到,张季鸾直截了当地说"不发表"。胡问为什么?他只冷笑一声,置之不理。胡回忆道,"他这种傲慢无礼的态度,顿时使我气愤难忍,我大声地说:'你们的报纸号称大公,但是你们只登官方一面之词(指之前刊登的官方起诉书),算得上什么大公……'他听了这些话,又冷冷地一笑,不慌不忙

出狱后的七君子

地说:'我不发表你们的答辩状,因为我不愿意陪同你们做戏。《大公报》也不准备做你们演戏的舞台。'"原来张季鸾亲耳听到当时国民党宣传部长叶楚伧等人,为解决七君子事件而精心策划了一个诱降计划,即让江苏高等法院审讯一下他们,然后押到南京反省院,再由杜月笙保释出来,送到庐山开抗日会议。误认为他们双方已达成协议的张季鸾决定不为此骗局做帮衬。

但实际情况是七君子根本没有理睬这个诱降计划,并决定坚决抵制国民党的阴谋。了解真相后,张季鸾当即打电话给编辑部,决定发排《答辩状》,不必送审,第二天就见报。事隔十年(1946年),沈钧儒回首往事,还感慨地说,"季鸾是一个好人,对我来说,尤其是一个数十年如一日的好朋友。他不仅自始至终关心老友的安全,也关心同时入狱的其他知识分子,并尽力维护他们的尊严"。

张季鸾的秘使身份

张季鸾还曾担任过蒋介石与日本方面的秘使,胡政之也参与过与日本方面的接触谈判。这使得张季鸾和《大公报》又多了一层神秘色彩。

胡政之、张季鸾在日本有较深的人际关系,对中日问题有深人见解,因此颇受日人注意。胡政之曾说,"我们认识的国外同业,尤其是日本同业最多。因为我们都在日本读过书,对于日本事情,平常相当知道,为了职业的关系,同日本报界有二十年以上的接触,所以对于日本政治军事情形也不十分隔膜。在'九一八'前后,关于日本问题,我们发言最多。日本人认为颇能抓住他的痒处,因此对我们报特别重视"。在抗战前,还有日本一家著名杂志,"仰慕季鸾先生的声誉,专函征文。季鸾先生用日文写成一文,对敌曾作忠告,记得结论是,'己所不欲,勿施于人'"。

目前仅从中国第二历史档案馆藏的文件看,张季鸾介入到与日本接触的时间是 1937 年 11 月,即"陶德曼谈判"时。就是因为他深入了解其中内幕,并深知蒋介石的底牌,所以在 12 月 5 日和 8 日相继于《大公报》发表《德国调停之声》、《最低调的和战论》两篇著名社论,在社会上影响巨大。

1938 年 5 月,宇垣一成担任日本外相,派《朝日新闻》主笔绪方竹虎及该报社编辑局顾问神尾茂负责与中国方面联系,中国方面则派张季鸾、胡政之为代表进行接洽,这一联系路线被称为张季鸾路线(当时中日间有很多秘密联系路线)。双方于 1938 年 7 月 20 日在香港首次接洽,由神尾茂和胡政之会面。从 8 月 9 日到 23 日,张季鸾和神尾茂在香港进行了几次谈判。

在胡政之与神尾茂的谈判中,胡开门见山地说:"这次抗战中,中国全国民族抗敌情绪之高昂,国民政府根基之巩固,全国上下一致团结的精神,都是史无前例的",在刚刚结束的国民参政会上,"凡是少年气盛者站在最先,但出席此次会议的却全是长者,平均年龄 50 岁。其中有前清大官僚、76 岁的张一麐等。南开大学校长张伯苓已 65 岁,其子刚在对日作战中牺牲,他也赶来赴会。又如广大农民,他们所受的剥削和压迫及生活的贫困并不见得全是日本的侵略造成,但现在他们都将所有的怨仇集中到日本人身上,同仇敌忾";而日本人的反蒋运动也不会得逞,因为蒋的地位"在中国已无可动摇"。胡政之的意思其实很明显,日本想无条件迫使国民政府投降,或在中国建立傀儡政府、绕过蒋介石来解决中日战争是绝对不可能的。

当时正是武汉会战前期,日军调动频繁。胡政之向神尾表示,如果日本攻下武汉,迫使中国作长期战争的准备,不仅对中国不利,对日本也是大有害处的。

张季鸾在接下来与神尾的谈判中也紧紧抓住这一关键。日本人打算利用战场上的优势进行敲诈,但张季鸾并不买账。他几次指出,中国在抗战中的有利之处是国民政府维护主权、领土完整的态度受到全国人民的一致支持,谁都知道,对日本的侵略,除了坚决的抵抗别无他途,而中国国民为此将毫不退缩,并将打算付出任何牺牲,直至官吏减俸、百姓流离失所。战争对中国造成巨大伤害,但日本"国力的损耗是巨大的",一年的军费在五十亿,如此下去,"谁能保证日俄不战"?

谈判初期,日方态度强硬,尤其在蒋介石下野的问题上,不肯让步。但此时由于日军在张鼓峰地区与苏军冲突,被苏军击败,使日本军方在与中国方面讲和的必要性上有了新的认识。在此基础上,谈判达成了如下协议:一,两国都有结束战争、恢复和平的决心;二、日本停止侵略,中国制止抗日活动,实现两国停战。媾和的方法是在极其秘密的状态下与对方联络,派秘使达成谅解,然后在日英会谈时由日本向英国表达停战之意,让英国调停,以此为契机,中日进入直接交涉。

9月29日，宇垣一成突然宣布辞去日外相职务，使得各种和平路线均受打击，唯"张季鸾路线"未受冲击。于是原来在香港的和谈人物纷纷聚集在张的周围，继续活动。

1939年5月6日，日方派小川平吉到港，蒋介石再派张季鸾与之接洽，此次谈判的要点在"排共"上，但张回答，"迄今为止，共产党一直在和蒋介石抗战，要蒋立即讨共实难做到"。谈判中断。

此时日本方面加紧了对汪精卫的诱降，张季鸾对此明确表示反对，告诫日方，如果事件"具体化，和平将永远无望"。

到1940年夏，中国抗战面临紧要关头，由于印支通道和滇缅路的陆续关闭，中国获取国际援助的主要通道被切断，中国抗战处于困难时期。而日本为了获得战争急需的石油和橡胶资源，欲乘英法在欧洲战败之机，向东南亚以及南太平洋各岛推进，因此急于将重兵从中国战场上抽出。七八月间，日方通过各种渠道向重庆中枢传来愿意撤兵议和的信息，当时正在香港活动的张季鸾于7月2日向蒋去函，告知日本人和知鹰二表示日本已有撤兵停战决心。蒋在日记中对此还颇表疑惑，暗自决心"应暂置不理"。几天后，蒋即改变态度，进一步研究了张季鸾的函件，考虑"应嘱季鸾以最低限度转示之"，即所谓"一、谈政策不谈条件；二、谈情感与利害，而不谈权利与得失；三、对于中国人心应令特别注意，(并应注意)苏俄放弃在华特权之宣言；四、北平至山海关驻兵权应放弃；五、汉口租界应先取消；六、内河航权应取消；七、青岛与海南岛应完全交还；八、热河应先交还；九、东三省问题、借用港口问题、东亚联盟问题，待和平完全恢复，撤兵完全实行后再谈；十、天津与上海租界应定期交还；十一、保障问题应稳妥；十二、撤兵手续，平绥路、张家口与归绥一带，亦必须在第一期撤完"。

进入7月中以后，张季鸾再向蒋介石呈送情报，说明日方谋和已不择手段。这一消息在国民党情报人员温毓庆、胡鄂公、张治平、何世桢等给蒋介石的情报中都有证实。而与张季鸾直接联系的和知鹰二又转托希腊商人上书蒋介石,态度谦卑至极,而条件最为宽松,蒋介石称之为"乞和"(但到目前为止,并没有发现这份"乞和"文件的原件和附件)。8月3日蒋介石在日记中提到,与张季鸾谈到此事,和知托希腊商人上书,表示诚心和敬意,"而其内容,无异乞和,为从来所未有,乃知敌求和之急,盖迫不及待也。我今趁敌南进野心猖狂之时,如谋于我有利条件之下与之媾和,可乎"?

蒋介石动心了,想利用这一时机试试看。

但此时蒋介石在很多场合还是大谈抗日的,《大公报》的社评也没有丝毫软化,在8月10日的社评《暴日谋侵越南愈急》中指出,"暴日侵略越南,绝非为解决对华战争。……那完全是为了抢富源,占住战略地位,以便继续南进。……迄现在止,暴日图侵越南,其姿态尽管急迫,而它仍是想巧取,非至图穷匕首见之时,是不肯下本钱的"。这种见解深入而准确,提醒人们正确认识日本的南侵本质。8月13日,《大公报》再发蒋介石告民众书,勉谕沦陷区同胞,配合国军作战促敌早溃。从报道上可以看出,报纸的报道方针并没有因张季鸾的秘密活动而有改变,张的活动基本上可以认定没有影响报社业务。

8月下旬,蒋介石对议和的态度转趋积极。张群、陈布雷、张季鸾在蒋介石的授意之下,开始起草有关议和的若干文件。8月27日,蒋介石在与张季鸾谈论正在拟议中的议和文件时指出三点:甲,以基本条件为标准;乙,以不失时机为要旨;丙,以期待国际为下策。所谓基本条件,即幕僚们在议和文件中所拟定的基本条件。蒋介石在谈话中强调了三个要点:甲,打破敌国侵略灭华政策;乙,消灭敌人优越奴华心理;丙:恢复中国独立自由地位。"以不失时机为要旨"则表明,蒋期望能利用目前日本急于求和的心理,立即展开有关行动,不要错失难得的良机。至于过去所一直奉行的期待国际形势发生有利于中国的变化的政策,蒋以下策而视之,表明它在此时已不占重要地位。所谓期待国际,实质是期待英美。鉴于欧洲战场上英法的失利和英国在远东竟在日本的压力下关闭滇缅路,蒋介石对国际援助的期待自是大打折扣,故而认为坐等国际变化为下策,不如现在就采取行动,与日本达成解决办法。

张群、陈布雷、张季鸾等根据蒋介石意,于8月下旬分别起草了《中国恢复和平基本办法》、《处理敌我关系之基本纲领》、《中日和平协定》、《中日恢复和平协定要点说明》等多个重要文件。

8月23日,蒋介石嘱咐张季鸾在与日方交涉时,"应持坚决态度,不可稍有迁就"。8月27日,蒋介石再度与张季鸾讨论文件细节,并详细说明和战方针及其政策依据,为张鼓气,要求张交涉时务必坚持所议之原则,不可稍有迁就。29日,蒋介石再度召见张季鸾及陈布雷,再商文件措辞,详细叮嘱各项要点,再次提醒张对所拟条件不可让步。可见蒋介石对此次交涉极其重视。

这应该是蒋介石第一次正式决定并指导议和,故其在当天的日记中显得颇为感慨,称"敌倭时时以日满支名词为对象,如何而可望其彻悟? 我国损害伤亡如此重大,如何而可轻易议和? 今姑妄试之,惟坚持勿稍迁就,保我人格国格"! 他并且安慰自己:"对倭情与和战问题研究透彻,手拟最低限度之条件与原则,自信不致有误。"在另外一件题为"坚持之件"的文件当中,蒋介石更具体地提示张季鸾必须坚持"热河不在东北范围之内",东北问题"须待和平完全恢复后另案交涉,现在不能提议"。

8月31日,身负如此特殊使命的张季鸾赴港。

张季鸾一到香港,出乎意料地发现已另有人打着蒋介石的旗号与日本人在私下接洽,形成所谓议和之骗局,即著名的"宋子良事件"。于是在9月2日和3日,张季鸾发电报给蒋介石,称:"板垣现正期待九月十五日以前与我委员长会于长沙,而先由张岳军先生到汉口,然后伴板垣赴长沙……敌方何以相信此事，则因一、最初接洽之人携有委员长之委任状'研究对日问题咨议'。二、相信宋子良先生之有力量。三、华方交涉人张某、陈某中间曾要求板垣来信，板垣果来一信，向华方示阅。而数星期后华方交涉人得到委员长回信，示交日方阅看，日方将此信照像片带回。此为板垣相信此事之最大原因。"张季鸾明确认为：一方面，对宋子良"宜嘱其特别谨慎"；另一方面，"有人竟敢伪造委员长之信，此显为重大犯罪行为，应加彻查"。而"问题中心为张治平。敌方谓张为留英学生，而与宋熟识，故宋君若系受利用影射，恐皆张治平之故"。"是否可令张治平来渝，即禁其离开，而从容询查之"。"真正纠查恐须取得物证，最好由敌方将假信照片索来，此事似亦可能"。

香港女皇大道

张季鸾来电显然使蒋介石大为震怒，他将香港大学教授张治平以"招摇撞骗"、"有反间重大嫌疑"罪软禁，并调查宋子良。

而身在香港的张季鸾此时发现，自己这个身负"特殊使命"的"真佛"，竟无法引来"香客"，敌人所有的注意力几乎都集中在宋子良身上，并积极准备在 9 月 15 日前实现板垣与蒋介石的长沙会谈。如果此时插入其中，并提出在重庆商定的诸种条件，却不能公开说明是蒋介石在背后指导，明显得不到敌人的重视。所以张季鸾急忙致电蒋介石彻查宋子良事件，釜底抽薪，同时通过何世桢向和知鹰二揭露所谓长沙会谈纯属子虚乌有。但和知很快因事离港返日，张季鸾在香港全无施展余地，反而惹来众多猜测和是非。如有情报宣称，张季鸾因见不到和知，不惜公然表示到港前曾十次见过委座，且多次单独召见，欲"夸大宣传其身份，以冀引起和知之重视云"。蒋介石自然觉得有失颜面，愈加懊恼，在日记中直骂"季鸾多事"，"为可叹也"。

9 月 20 日，蒋介石下令陈布雷电告张季鸾，"不可在港久候，以免自招其侮，且今后断不可再与和知等人来往，因其纯为欺骗也"。对此，张季鸾则极力为和知辩解，称"和知向与今井、铃木等人立于明争暗斗之地位，且和知一向反对利用汪精卫，是日方少有的坚持必须与重庆对话的重要干部，不可轻易断此渠道"。他并且强调说："现在抗战全局，断不能无条件乐观。是则对敌诱导之工作，个人可以封锁，国家不容封锁，现留此一线，自是有益无损。"然而蒋介石决心已定，坚持要张季鸾回重庆。蒋介石自抗战以来唯一一次正式筹划、再三准备的秘密议和，因此胎死腹中。9 月 22 日，蒋介石与张季鸾谈道，"倭寇军人之愚拙无方，比我国尤甚。而其幼稚欺诈，则非常情所能想像。若与理会，必受无妄之祸"。张季鸾活动由此便告夭折。

张季鸾的这次活动，在很多《大公报》旧人的回忆文章中都有语焉不详的模糊记录，如李侠文在《大公报人忆旧》里提到，"我于 1938 年初进报馆时，他和政之先生还住在香港，后来才携眷赴渝定居，但仍时常来港。外间传他来往渝港之间，每次都'负有任务'，被人问及，他总是说，'我们有一家报馆在港，我来港自然有任务了'"。

周雨的《大公报史》中说，"抗战时，关于张参加秘密外交活动的传闻不少,说他逝世前几度从重庆去香港,名为探亲治病,实则负有使命"。

其实这件事应该算是抗战中第一等的大事了,但同时也是天字号的机密,因此在后来有关战时中日秘密接触的各种回忆和研究中都很少被提到,中国现代新闻史研究论著中更少有蛛丝马迹。据查阅过蒋介石档案的一些学者,如杨奎松等认为,仅从档案看不能完整地勾画出张季鸾活动的全貌,甚至不能排出每次方案讨论与修改的准确日程。

但这件事是否影响了张季鸾的报人生涯,是否影响了《大公报》的方向呢?至少从现在的研究看不出有什么影响。

首先,在与日和谈的问题上,张季鸾的态度是尽力维护中国利益,将抗战的损失降低到最小,而不是对日投降。这与张季鸾和《大公报》平时的主张是一致的。

其次,当《大公报》在1939年迁渝后,张季鸾的身体就已经很弱,社评工作基本交王芸生负责。而他的指导又实在很少,只有在遇到难题时才提出建议。也就是说,这时的《大公报》已基本上是王芸生负责了。

张季鸾作蒋介石的秘使,从另外的角度看,应该认为是张季鸾的另一个重要社会角色。这种社会活动家之角色并不和报人的角色相冲突。很多职业报人都以社会活动家身份自居,也以社会活动家的身份为荣,如斯诺、爱泼斯坦等。当时在中日秘密交涉中,打着各种接洽中日和平的名目,活跃于日本人圈子中的中国人实在不少,有政客、学者,也有商人、报人等等。

早年张季鸾曾评价清末民初著名报人邵飘萍,"飘萍每遇内政外交之大事,感觉最早,而采访必工。北京大官本恶见新闻记者,飘萍独能使之不得不见,见且不得不谈","中国有报纸五十二年,足当新闻外交而无愧者仅得二人,一为黄远生,一即邵飘萍"。从中可以看出他对新闻外交的倾慕,以及对记者的社会影响和作用的重视。这也许是他所推崇的"文人论政"的又一重要内容吧。

张季鸾有一次在和同事徐铸成的谈话中直接流露出他对此事的态度，徐忍不住对他说："我们以超然的民间报标榜，张先生这样直接地参与政治，似乎有损先生的身份。"张季鸾含笑回答说："铸成，你把记者的作用看得太轻了，成熟的记者应该是第一等的政治家，美国的总统候选人不是有许多曾做过记者的嘛！"他还忘情地说："将来胜利后，如我能恢复健康，报馆由你们去办，我还想当驻朝鲜大使呢！"

1938年6月张季鸾在《战时新闻工作》发表《无我与无私》一文说："我们报人不可妄自菲薄，报人的修养与政治家的修养实在是一样，而报人感觉之锐敏，注意之广泛或过之。"也许正是基于这样的认识，张季鸾不仅不排斥做蒋的秘使参与对日的"媾和"，而且认为这是一个报人影响社会和历史的重要机遇。

其实，张季鸾在内心对蒋介石是独立而有所保留的，他曾叹息着对徐铸成说："我的中心思想，是要抗战救国，必须要有一个国家中心。蒋先生有很多地方也不尽如人意。但强敌当前，而且已侵入内地了，没有时间容许我们再另外建立一个中心。而没有中心，打仗是要失败的。所以，我近几年，千方百计，委曲求全，总要全力维护国家这个中心。"他进而说："当然，我仍希望蒋先生从一党一派的小圈子里跳出来，真正成为全民的领袖。建国大业如果在他手里一手完成，可以顺理成章，省事得多。但那时我们要坚持一个口号，即国家至上，民主第一。以此号召全国合作。"他着重考虑的是国家利益。

因而他对共产党的态度就和蒋有所不同，并屡屡因此而惹得蒋介石不痛快，甚至发怒。终其一生，张季鸾只是无党无派一报人，至少在他生前，《大公报》与蒋介石、国民党从没发生过任何经济关系，没有违背"四不"方针、丧失民间报纸的独立性。

《大公报》人贺善徽在回忆文章中谈道，"我在《大公报》编辑部曾听张季鸾说过：'我和蒋先生谈话，只谈宣传，谈外交。'言下之意是不谈内政问题。从我进《大公报》到张季鸾去世，在此一年半期间，我未曾见张季鸾写过一篇批评内政问题的社论"。由此可见张季鸾的良苦用心。

《大公报》对共产党的态度

张季鸾对于共产党的态度是复杂而分有层次、不断变化的，不能简单地用一个尺度衡量。

早年张季鸾发表过不少文章，如《党祸》、《回头是岸》、《军阀与党祸》、《明耻》、《党治与人权》等，基本可以认定的是，他反对苏俄式的革命，尤其反对共产主义和社会主义。他片面认定该主义不符合中国国情，会引来外国干涉，但同时提出要研究马克思主义和社会主义学说。他反对"赤化"，但更反对杀害共产党人，坚持反共的基础是改良社会。

如果说蒋介石是站在对立的立场上，认为共产党联

1934 年 7 月《国闻周报》要目，其中有对红军的报道

合苏联暗中对付他，必欲除之而后快的话，那么张季鸾则是站在第三者的立场上作出自己的判断，虽然这种判断有倾向"正统"之意。

从 1930 年早春开始，蒋介石连续三次围剿红军，而《大公报》在追踪报道中，虽一直支持蒋介石的剿共政策，却也不乏肯定红军的一系列文章。1930 年 4 月 11 日《大公报》刊登了"红军纪律严明，百姓拥护"和

"吃民间饭,每人还给五百钱"等消息。此后,还报道过红军英勇作战、士气旺盛的事迹。1934 年 6 月,《大公报》附刊《国闻周报》连连发表苏区红军的政治、组织、经济等方面的介绍文章,向世人告示,红军不是国民党宣传的"土匪"、"流寇"等。

《大公报》一方面宣称围剿红军利于国家的巩固统一和安定,另一方面又呼吁研究共产主义和苏联,认为"共祸"产生的根源是国民政府腐败。20 世纪 30 年代,国民党要求各个报刊一律称共产党为"共匪",只有《大公报》从未服从这个命令。不仅如此,《大公报》还派曹谷冰踏上去苏联采访的远途,曹谷冰也就成了中苏恢复外交关系前后第一位连续报道苏联建设成就的中国记者。

1933 年,周恩来与红一方面军在福建

从 1936 年 5 月 19 日开始,上海《大公报》在本市新闻中连续发表张蓬舟的一系列特别栏(即特写文章)《上海的政治犯现状》,连登五天,这是从上海公共租界、法租界、龙华监狱采访到的被关押的几十名共产党员的报道。

西安事变中,张季鸾为营救蒋介石殚精竭虑,费尽心血,但两个月后,又于1937年2月15日发表范长江的《动荡中之西北大局》,正值国民党三中全会召开。这篇报道普遍被国人认为是"负责任"的报纸刊登的关于西北局势和共产党纲领的真相,与蒋介石发表的中国西北形势的讲话完全不一样,无疑对蒋的权威与威信是一个打击,蒋介石震怒之下,将张季鸾叫去大骂了一顿。

《大公报》因为有了范长江和他的《西北通讯》、《塞上行》、《忆西蒙》、《动荡中之西北大局》等文章,在历史的天平上显得更为客观和公正。除了范长江外,《大公报》中采访中共的记者还有很多。

1937年10月下旬,从《新闻报》转来的陆诒被派到山西采访,当时在山西战场采访的还有《大公报》的孟秋江和邱溪映(现名邱岗,《解放军报》离休干部),孟随国民党中央军卫立煌部在忻口战场,邱则随八路军——五师在五台山地区活动。陆诒来到山西后立刻和孟秋江见面,并一起访问了当时坚守太原的周恩来、彭雪枫和傅作义。11月底,任采访课主任的范长江从汉口来电,说上海、太原失守后,人心惶惶,请陆立刻到陕北一趟,及时报道延安的声音。12月初,陆到延安访问一周,发出专电和通讯,如实报道了中共党政军领导人对目前抗战形势的看法和坚定的信心。

1938年1月,陆诒回到汉口,范长江介绍他进入《新华日报》工作。虽然分处两个报社,但陆诒和范长江并肩采访,对临沂战役、台儿庄战役、徐州战役、武汉会战等进行了报

重庆《新华日报》营业部

道。长期战地生活中的患难与共，工作上的紧密配合与互相支持，不仅使两位记者个人间建立了深厚的友谊，而且也加深了两个报馆间的密切关系。

整个抗战期间，两个报社始终保持团结友好的同业关系。1939年重庆"五三"、"五四"大轰炸时，两报编辑部同人一起躲进苍坪街附近的防空洞躲空袭，炸弹在附近爆炸，洞内剧烈震动。王芸生当场昏倒在地，《新华日报》的同事及时抢救，后又把他送到《大公报》编辑部。这次轰炸后，《大公报》编辑部和印刷厂都搬到了李子坝，《新华日报》也迁到化龙桥，两地相隔一站，报社同人之间依旧保持业务上的合作，互相支持。

1939年2月11日，《大公报》社评《持久抗战与加强游击》中提出，"现当敌人心理动摇之际，从敌人的后方颠覆它的立脚点，实是我们克敌制胜的主要工作。在第二期抗战中，加强游击力量，是我们争取最后胜利的必由之路"，支持共产党提出的游击战争路线，甚至刊登共产党要人的文章。

1941年皖南事变后，重庆的政治环境日趋恶劣，国民党政府对《新华日报》的压迫和封锁也日益加紧。当时《新华日报》的工作得到了《大公报》记者徐盈、彭子冈、高集等人的真诚援助，虽然他们中有的是地下党员，但如果没有报社上层的默许，这样的做法也是不会被允许的。所以陆诒真诚地说，"老实说，作为《新华日报》的记者，如果当时没有友好的同业们，特别是《大公报》记者的大力支持，想在大后方开展采访工作，那是寸步难行"。很多《新华日报》的老记者都有这样的亲身体会。

《大公报》受到各界好评，在国共两党中都有许多朋友，这确实是张季鸾坚持独立办报，不盲从，不趋炎附势，尊重客观实际的结果。

解放后，毛泽东曾对《大公报》有过这样的评价：吴、胡、张三人合办《大公报》时相约只办报不做官，但后来吴、胡都做官了，只有张季鸾没有官职,他却是蒋介石的"国士"。张本人年轻时在日本留学,虽然许多留学生都参加党派,但他始终以超党派自居。此后,特别是在国共合作时期,他更是以第三者标榜。他在重庆经常来往于国民党和共产党之间。他同陈布雷交往甚深,同时也常到曾家岩走走,到处打听消息,然后从中做他的文章。他办报素以客观、公正自夸,平常确也对国民党腐败加以揭露批评,但每到紧要关头,如皖南事变发生后,他就帮蒋介石骂周恩来了。王芸生后来接他的班,在国民党发动内战前后,也是这样给蒋介石帮忙的,直到国民党崩溃前夕,才转而向我们靠拢。

毛泽东说,人们把《大公报》对国民党的作用叫做"小骂大帮忙",一点也不错。但张季鸾摇着鹅毛扇,到处作座上客。这种眼观六路、耳听八方的观察形势的方法,却是当总编辑的应该学习的。

毛泽东还说,张季鸾这些人办报很有一些办法。例如《大公报》的星期论坛,原来只有报社内的人写稿,后来张季鸾约请许多名流学者写文章,很有些内容,他在延安时就经常看。《大公报》还培养了一批青年记者,范长江是大家知道的,杨刚的美国通讯也很有见地,这两位同志都在《人民日报》工作过。

毛泽东最后说,我们报纸有自己的传统,要保持和发扬优良的传统,但别人的报纸,如解放前的《大公报》,也有他们的好经验,我们也一定要把对我们有益的东西学过来。

张季鸾的人格与文风

张季鸾心怀国家、情系民族,虽生于乱世,但始终爱国惜民,于右任评价他"洒泪桃园,不避艰难。恬然文人,穷光记者,呕出心肝"。他于抗战之始,"时时念国愁",定下"明耻教战"的报道宗旨,成为当时报界对社会最有价值的贡献;他轻财好友,待人忠厚,与人谋,抱一个"信"字,与朋友交,守一个"忠"字。同业曹成甫与他因报道袁世凯"卖国二十一条",同时被捕,曹瘐死狱中,他出狱后培养其子曹谷冰,使之成为

新记《大公报》第二代领导人之一。他在天津，自己生活困难，一年年
关，要给曹妻送的生活费仍无着落，他不顾数九寒天，将身穿的仅有一
件皮袍送进当铺，典押所得，及时送到曹家，使曹家母子欢度春节，方始
安心。其挚友邵飘萍遇害后，他也正值失业，经济十分困难，但还是将
邵之遗孀祝文秀和她的母亲接到天津居住，供给衣食，还时常请二人看
戏，直到《大公报》创办，由报馆每月津贴百元生活费，长达三年之久。
每到邵飘萍的忌日，张季鸾都要写祭文，于邵的坟前泣泪朗读，焚烧纪
念。此情此景，让人感怀。

老《大公报》人和所有熟悉张季鸾的人都能举出很多让他们感动的
事情。我们可以从一些原汁原味的评价中先得一个印象。

他的老搭档胡政之与他共事最久，地位最近，一般来说文人相轻，
但胡政之对张季鸾的为人是发自内心地钦佩：

> 他的道德文章、处世技术，一切都在我以上……季鸾为人，外
> 和易而内刚正，与人交辄出肺腑相示，新知旧好，对之皆能言无不
> 尽。而其与人亦能处处为人打算，所以很能得人信赖。采访所得，
> 常可达到问题之症结。尤其生活兴趣极为广泛，无论任何场合，皆
> 能参加深入，然而中有所主，却又绝不轻于动摇。生活看起来似乎
> 很随便，而实际负责认真，决没有文人一般毛病……季鸾先生眼中
> 无恶人。他同谁都好，他同谁都谈得来，而且一谈就谈成朋友。

张季鸾的同事在回忆文章中提到他，无不动情，回忆的言语中满含
深情与怀念：王文彬说，"张季鸾的做人方法，他对一般人以至国内外的
同胞，都报以热爱，他是以'广结善缘'为目标的"；李侠文虽与张季鸾交
往不多，但也深深为之折服，"最难得的是他对人对事的一片真诚"；原
《中央日报》社社长程沧波在老年时也动情地说过，《大公报》高层三人，
他只与张季鸾交往最多，"因我喜欢他的真，喜欢他的纯"。

他的朋友康心之评价他，自主持《大公报》以来，"见其治事之勤苦，

文章道德之日进，令人肃然起敬"。"先生持身谨严，不尚虚荣，三十年如一日，尤堪称道"。康曾经看见有人给张季鸾献寿礼金万元，当时正值先生处于穷窘之中，但也婉言拒绝。这类事情，与张季鸾交往颇深的康心之知道得很多，有些是他事后谈话中漏出来的，有的是朋友说出来的，而张季鸾自己并不宣扬。张季鸾对物质的需要也极为简单，朋友常说，"季鸾先生容易满足"，从来没有看到他因为物质享受不能得到满足而苦恼。

《新闻报》的主编李浩然，与张季鸾是同乡、朋友，也是同学，都受教于刘古愚门下。他说："季鸾先生是一位仁厚长者，同他接触过的人没有一个不喜欢他。他对每一个人都有热情，对每一件事都有兴趣，只有吸收，没有拒绝，极少疾言厉色，绝无同任何人结下不可解的冤仇的例子，流风余韵恒为知好所称道，而他的言行，遂能支持着《大公报》政策的推进。"

对待青年，"先生生平待人，尤能出自一片真诚。对同事爱护周至，视如家人，虽弥留遗嘱，犹以同人健康为念。先生生平绝不轻易批评别人，闻别人品评，亦劝以对人勿存成见。不以求全取人，不以己长格物，见人有好处，从不吝啬奖勉，亦从不问报酬。对青年后进不问识与不识，诱掖引导，惟恐不及"。在香港的时候，有一热心报业的青年记者，自己组织通讯社，向各报寄稿，但因人力和财力微弱，不为人所注意，于是写了篇文章发牢骚，正好让张季鸾看见。他随即嘱咐同事注意，以后如果收到他的稿件，多留心注意，即使稿件文字幼稚，不妨多予润饰，尽量录用，以免使青年挫折灰心。

1937年春，当时还是《大公报》的小练习生的季崇威在翻译一个电讯时漏掉了一行字，编辑没有核对就刊发了。第二天李子宽阅报时发现，查对电报后非常生气，批评他太粗心，将其停职，准备派人送他回家乡。季不愿意，就给张季鸾写了封检讨错误、请求恢复工作的信。张季鸾看到后和李子宽商量,恢复了季的工作,而且还把他约到家中谈话,言语中没有责备,而是说了很多勉励的话,使他感到非常温暖。季崇威说自己从此改掉了粗心的毛病,译电中再没有出现问题。

张季鸾对人的真诚和帮助,绝不止于亲近与同业。1932年初夏时节,榆林"陕北共立职业中学"的五位年轻学生考到天津读书,张季鸾对他们颇为关心,在家中热情接待,像亲戚一样看待,他生日之时请他们参加家宴,他的侄女结婚也将这些贫寒子弟请去参加婚礼。1933年,这五位学生就读的中学改制,由市属变为省立,这样一来,原来的学校就不给出学费了,情急之下,他们找到张季鸾。在张季鸾的帮助下,陕西教育厅决定继续给这些学生补贴,直到他们学成毕业为止。1935年夏,日本扬言要占领天津,天津各大专院校停课,并通知学生避难。这些远路的学生又被张季鸾叫到家中,在会客室里住了十多天,直到学校复课。

张季鸾在抗战中才喜得一子,孩子生日时,很多人送来金银锁片,张季鸾要将这些财物全部捐献出去,孩子的母亲想留下一两件作个纪念,张说:"你爱镐弟(张儿的乳名),感到孩子可爱、漂亮、聪明,你可知道,比镐弟更可爱、更聪明、更漂亮的许多孩子,天天被敌人惨杀,或者父母牺牲成为孤儿,无依无靠,你不感到痛心?他们正企望着救助,你看应该怎么办?"夫人被说服了,将这些金银礼品全部捐献出来。

当张季鸾和家人到达重庆的时候,正赶上白喉流行,他的儿子不幸染病,情况凶险。张季鸾付出很高价钱才买到治疗该病的特效药剂,救治好了儿子,对此他深有感触地说:"今天是我儿子害病急需打针,幸好虽贵,我还花得起这个敲竹杠的钱,如果其他贫穷孩子得病,付不起这般高价怎么办,岂不等死?"张季鸾便趁着到港工作的便利,花高价买了几箱治疗白喉的特效针剂,捐献给儿科医院,挽救那些没钱治病的孩子的性命。

李侠文曾说"季鸾先生为文和他为学、为人是分不开的"。

的确,文如其人,张季鸾首先是在做人上赢得了大家的尊重。几乎所有回忆他的文章,无不赞扬他的人品,将他的文章与他的品德修养联系在一起。一位友人评价说,"他人亦爱国,惟季鸾则真心爱国,从心底深处寝馈不忘以爱国"。"他写文章的态度是严谨的,执笔前是经过深思熟虑的,从不作漫骂之文,亦不作敷衍之作。谈到一些问题,能够抽丝剥茧,层层深入,中间往往有些对仗的警句,读来琅琅上口"。

　　张季鸾撰写社评用的是"眼观六路,耳听八方的观察方法",上承韩愈以至梁启超的风格,朴实犀利,以理服人,以情动人。他不作无谓的指责和漫骂,而是提出意见和建议。《大公报》第二代主笔王芸生曾评价他的社评如同一杯新泡的龙井茶,清新而有热情。

　　徐铸成曾回忆张季鸾激扬文字、挥毫写社评的情景:当时,《大公报》的社评是刊在第二版下部。广告多了,版面会被挤缩。他动笔前,先问排字房留下多大版面。有两千字他就写足两千,一千二就写一千二,不用加条或抽条一般凑合版面的办法。遇大问题字数少了,他也能"畅所欲言";小问题而篇幅大,他也能旁征博引,句句扎实,不使人有勉强拉长的印象。有时写到一半,忽然来了更重要的新闻,决定易题重写。为了"抢时间、争速度",他写好一段,裁下来先付排,接着写下去,边写边付排。全篇付排后,到小样打来再加润色。还有,最后来了新闻,社评必须修改、补充时,他能划去一段,补上一段;划去几个字,补上几个字。排字房不须硬挤,不会影响行数,还可准时打版、付印。他的敬业精神令同行后辈敬佩不已。胡政之说,他在编辑时往往因为一个字的修改,而绕室彷徨半个多小时。如果有重要的新闻错排一字,他会顿足慨叹,终日不欢。重要社评无论是他自己写的还是胡政之写的,都要反复检讨,一字不苟,并不因情面对工作苟同。有人说《大公报》在张季鸾时代也分张派和胡派,但张季鸾自己从来没有这样的观念。徐铸成是胡政之招来的,一直被认为是胡派的人,但他却得到张季鸾的无私帮助。据徐铸成回忆，他在汉口任特派记者的四年中，张季鸾写给他指导工作的信和介绍信不下数十封。凡遇到徐铸成发了"独家新闻"或写了有分量的通讯，张季鸾必亲笔写信鼓励。

《大公报》和张季鸾于抗战时在民众中的影响是巨大的，《大公报》和张本人为抗战做出的牺牲也是空前的。正因如此，不仅于国内而且于国际上影响斐然。

正是由于他的道德文章，成就了中国自有报人以来，最有影响力和公正力的主编。当时有文章说，"他的噩耗传出，全国骤然像丧失了一位导师"。

关于他社评的特点，我们多读几篇他的文章就可领悟，新闻评论学者涂光晋总结认为是：增强时效性，追求新闻价值基础上的评论价值；追求预见性，洞悉时局与事态的本质及趋势；注重逻辑性，文章结构严谨，论证缜密；走向通俗性，用平实畅达的语言叙事说理；标榜公正性，在"客观"与"敢言"间寻求平衡。一篇好的言论的特点，可以让后人学习和模仿，但一篇好的社评的诞生过程，更值得挖掘和思考。张季鸾社评的基础在他的为人，在他的学识，在他的道德。没有这些，是成就不了张季鸾的。

台湾研究《大公报》的陈纪滢曾明确表达别人是模仿不来张季鸾的风格的。"这种风格代表着简明、理性与具有丰富的感情。这是张季鸾先生一手形成的。他写文章从不用典，不用深奥偏僻的文字、语句，更不以文字气势凌人；他总是以娓娓动人的理性讲话，仿佛当面对人言，有相当礼貌，让人能接受下去"。

的确，张季鸾做人的风范是值得学习的。

张季鸾的新闻思想

张季鸾的新闻思想在他续办《大公报》后，表现为一种西方职业报人和中国士大夫精神的融合。

从时间上看,在抗日战争前,张季鸾的新闻思想更多地体现在《大公报》续刊号提出的"四不主义"所显示出的独立精神。"不党"、"不私"、"不卖"、"不盲"从报纸和报人两个角度显示了独立精神。"不党"和"不卖",可以视作对独立报格的追求,而"不私"和"不盲"则提出了对报人的要求。

作为报人,他首先呼吁的是新闻自由在中国的实现。从新记《大公报》创办直到抗日战争前,张季鸾在报纸上作了很多提倡和重视新闻自由的文章。

1928年9月1日,张季鸾借续刊两周年发表感想,说今后将以人民的立场,拥护并赞助政府建设国家。当蒋介石表示会对报界采取宽容政策,欢迎提出"善意之批评"时,《大公报》发表《国府当局开放言论之表示》,提出如果全国报纸言论一律,记事一律,那么会造成人民神经麻痹,反失宣传效果;使报纸也失掉信用,最后于政府不利,对报纸不利,最终妨害国家。

1931年5月22日,他在《大公报一万号纪念辞》中说"近代中国改革之先驱者为报纸","近代国家报纸负重要使命,而在改革过渡时代之国家为尤重"。所以他一再地呼吁言论自由,如1935年1月25日发表的《关于言论自由》,1937年2月18日发表的《论言论自由》等等。

1934年秋天,对于国民党政府规定的报纸在印刷前必须送新闻检查所审查的制度,《大公报》的第一想法是理解,认为国难当头,为避免提前激怒日军,必须有非常政策;第二是认为实际做法太差,必须改进;第三是国民党应与报界互谅,共商"合理化的统制"。其间,《大公报》没有闭嘴不谈国事,而是派范长江深入绥远前线,连续写下《塞上行》,警示日军觊觎大西北的野心已昭然若揭。抗战爆发前,张季鸾发表长篇社论,就新闻检查体制改善,与国民政府和各省政府商榷。

在新记《大公报》创办十三年后,张季鸾曾对自由主义的报业理想作过论述："中国报人本来以英美式的自由主义为理想,是自由职业者的一门。其信仰是言论自由,而职业独立。对政治,贵敢言,对新闻,贵争快,从消极的说,是反统制,反干涉。近多年来,报纸逐渐商业化,循着资本主义的原则而进展。其结果,只有大规模经营的报纸,能够发达,已不是清末报业初期文人办报的简陋情形。此种商业性质,其本身限制了言论自由,但因经济雄厚之故,对于报人职业的独立,却增加了保障。所以从大体上说,中国报业是走着英美路线。"

如果说,抗战之前张季鸾的新闻思想大体可用"自由主义职业报刊"思想来形容,那么,抗战之时他的新闻思想出现了若干重大的变化。抗战中张季鸾的思想,基于爱国主义的"文章报国"理想更为明显。民族危亡匹夫有责的精神深刻体现在那时的张季鸾身上,他不仅于实践上将《大公报》完全贡献给国家,"在这抗战期间,一切私人事业,精神上都应认为国家所有",而且也从理论上论述其必要性。在1939年《大公报》奔波流徙至重庆、香港出版之际,张季鸾撰文专述抗战对中国报业与报人之影响,"中国报业受日人侵略战争的影响太大了,因为使得报业性质、报人地位,都发生了重大变化"。"本来信仰自由主义的报业,到此时乃根本变更了性质。就是,抗战以来的内地报纸,仅为着一种任务而存在,而努力,这就是为抗战建国而宣传。所以现在的报,已不应是具有自由主义色彩的私人言论机关,而都是受着政府严格统制的公共宣传机关"。相应地,报纸的功能转而以宣传为主,所谓"国家作战,必需宣传,因为宣传战是作战的一部分,而报纸本是向公众做宣传的,当然义不容辞的要接受这个任务"。

记者也要贡献给国家。虽然记者依然"要保持研究批评的精神,对于一切人,一切事,都应当以独立的立场,做公平的批判",但重要的是,记者应该将自己视为前线战士一般,听国家统制而使用。在新闻的具体操作上,"战时的一切新闻是应当受统制的,……战地记者应当先自认识发表新闻的性质、范围与程度,使我们全国的宣传都确实有利抗战"。而报道和言论都应该唤起民众抗日热忱,目的是"传达并宣扬中国民族神圣自卫的信念与热诚,使之更关注而交流"。

在最被他看重和珍惜的言论自由问题上,张季鸾提出国民党政府和地方当局应依法给予报纸言论自由的权利,这与此前他有关言论自由的主张是一脉相承的。但在1939年,张季鸾在回顾以前与新闻检查机关屡有纠纷之后,体现出了服从统制的一面:"然抗战以后,在汉在渝,都衷心欢迎检查,因为生怕记载有误,妨碍军机之故。中央宣传部本是指导报界的最高机关,抗战以来,我们是竭诚接受其指导。"可以说,服从国家利益需要的意识已经盖过了言论自由的诉求。

1941年中国新闻学会成立,张季鸾代拟宣言,表达了抗战特殊时期对新闻自由的看法:

> 同人首先声明:新闻者本为自由职业之一,今日亦然,而意义有异,自日人入侵,国危民辱,成败兴亡,匹夫有责。今日抗建之大义,即在牺牲个人一切之自由甚至生命,以争取国家民族之自由平等。吾侪报人,以社会之木铎,任民众之先锋,更应绝对以国家民族之利益为利益,生命且不应自顾,何况其他?是以严格之战时之中国报人,皆为国家战时宣传工作人员,已非复承平时期自由职业者之时矣!本会同人不论是否理论共为组织民族战斗而努力,然同时认识苟欲抗建大业之完成,必须随时检讨政绩,宣扬民隐,考求利弊,整饬纲纪,务期每一政令,皆收其效,每一人民,皆得其所,此则吾侪报人为国为民应有之志愿,且为今后新闻工作实践之重心……盖日人不能亡中国,而中国之自误为乎异也。同人今日特为此言,盖鉴于军事已奔越最险之难关,外交日见有利之际,瞻念前途,惟有动员舆论公开检讨,并不晦不隐不讳,在恪遵抗建纲领之正确意义而不涉及军机、不妨害其威信、不影响前方士气、不揭

露行政机密,使一切政令之施行状况及执行官职,宣布正确民意,使我国民众能愈战愈强,以卒达胜利国防完成之境界。

基于对报纸功能和报人职业操守认识的转变,他明确提出一个真正的报人必须具备"公"、"诚"、"忠"、"勇"的品质修养。1937年初,《大公报》提出言论界如果要享受言论自由,必须自身发言"要公要勇要诚",1941年初,张季鸾又总结出办报成功之秘诀是"曰忠曰勇"。

所谓"公",是指动机要公,就是张季鸾所说的,竭力将"我"撇开,记事立言必须客观公正。1941年5月15日,《大公报》在答谢获得美国密苏里大学新闻奖章的社评《本社同人的声明》中指出:"我们同人,是职业报人,毫无政治上、事业上的,甚至名望上的野心。就是不求权,不求财,并且不求名。"胡政之、张季鸾在对美国广播致辞中亦说:"同人相约不作政治活动,不求权势财富,亦不求虚名。……我们对全国任何个人或党派并无说好或说坏的义务。除去良心命令以外,精神上不受任何的约束,我们在私的意义上,并不是任何人的机关报,在公的意义上,则全国任何人甚至全世界任何人,只要在正义的范围,都可以把《大公报》看作自己的机关报使用。"胡政之在1943年说,《大公报》之所以能够"迭次化险为夷","一个要紧关键,就是我们三人都是为办报而办报,为国家民族利益说话,绝对没有私心成见,更从来不以报来沽名谋利"。

所谓"诚",是指旨意要诚,即报纸须以对国家高度负责的精神和实事求是的态度来发表诚心为国的言论,诚心必须与责任同在,"言论界人自身时时须作为负国家实际责任者,倘我为全军统帅,为外交当局时,我应如何主张,应作何打算,此即所谓责任观念也"。有了高度的责任观念,就能不为不负责任的清谈;熟谙利害得失,便可发表"诚心为国家的言论"。此外,诚心与求实也应紧密联系。分清责任,分辨是非,政府是,则是之,使其发扬光大;政府非,则非之,责其及时改正。无论是是还是非非,都发之于诚心诚意,相反,如果"自身研究不清,或责任不明,政府是不肯说其是,盖欲免反政府者之相仇故;政府非,自亦不敢鸣其非,而惟诿责于干涉之可怕",这都是缺乏诚意的表现。

所谓"忠",是指忠于真理,忠于自己的见解。《大公报》屡次自称是一个代表国家和民众说话的言论机关,对国事发表意见,报纸就一定要锤炼出有价值的政见,而且要忠于自己的观点。胡政之曾说:

> 我们历来论事论人,都力求深刻切实,决不随俗唯否,纵因此干冒危险,受人攻击,亦所不辞。在北方的反动潮流中,我们敢于同情革命,济南惨案发生,报馆在日租界,我们敢于揭布蔡公时被害的消息,这都是几经研究而后决定的态度。"九一八"事变后,平津沪许多同业曾主张过对日抗战。我们虽然责骂日本无所不至,却始终不曾拿出打仗的主张,这并不是我们不赞成,而是重视放出此最后一张牌的时机,不愿轻于道破,叫敌人早下决心。因此一时引起学生不满,但我们置之不顾。民国二十年,天津事变起,本报在日本兵机关枪包围之下,无法出报,仓皇迁移法租界。当时社会各界预料我们对日本的论调必然要硬化。我和张先生商议一晚,反复斟酌的国家利益,认为战争的准备还远,宁可把事业毁了,我们也不应当人云亦云地轻言开战。因此依然保持着在日租界出版时的态度。当时很惹恼了许多热血青年,甚至有东北学生在本报馆的后门掷炸弹,恐吓我们。记得在密商的时候,张先生态度最坚定,他说:"报纸是我们两人作的,我们只知道国家民族的真正利益,不知有报馆的利害;纵然因此而毁了事业,也是我成我毁,心安理得,我们不能但求多卖报而媚世取宠。"这是不盲主义的最高表现。其他许多文章,干犯时忌,开罪权要,都不过是此主义的发挥。

所谓"勇",是指勇于发表,无论遇到何种阻力,都要以大无畏的精神,将其发表出来。1941年9月16日的社评《今后之大公报》说:"必须坦白主张,纵使与政府见解或社会空气发生冲突而不辞。"由此可见,《大公报》所说的"勇"包括"不畏强权"和"不媚时尚"两个方面的意思。张季鸾在1941年5月16日的重庆新闻界集会上致辞时曾说:"须时时准备失败,方能做到勇字。报纸失败有两种可能:一为与政府或当地官厅冲突结果而失败,一为与社会空气冲突致销路失落而失败。以本报为例,自十五年开始经营,时时准备此两种失败。"张季鸾逝世后,《大公报》更明确表示:"这一点随时准备失败的精神,本报在过去曾不断有所表现,季鸾先生生前也曾一再以此训诲同人,今后将永远为本报'社训',必坚持不坠。"以准备失败的精神来保证言论的自主与独立,这一点,《大公报》可谓将一个"勇"字演绎到了令人感佩的境地。

从张季鸾的新闻思想中,我们可以看出来自西方新闻自由观念的影响,以及中国传统文化的影子。用张季鸾自己的话说,他的报恩思想是他新闻思想的重要基础。在其唯一存世的有关自身经历的《归乡记》里,他深情地写道:"我的人生观,很迂浅的。简言之,可称为报恩主义,就是报亲恩,报国恩,报一切恩!我以为如此立志,一切只有责任问题,无权利问题,心安理得,省多少烦恼。不过我并无理论,不是得诸人的智慧,是从孤儿的孺慕,感到亲恩应报,国恩更不可忘。全社会对我有恩,都应该报。现在中国民族的共同祖先正需要我们报恩报国,免教万代子孙作奴隶,人民若常常这样想着,似乎易于避免堕落,这是我的思想。"

其实报恩思想不是张季鸾的发明和独有,而是中国传统文化中最有民间基础的思想。梁启超曾认为,报恩是中国道德大原之一。"中国一切道德,无不以报恩为动机,所谓伦常,所谓名教,皆本于是,人若以受恩必报之信条,常印篆于心目中,则一切道德上的义务,皆若有以鞭辟乎其后,而行之亦亲切有味……吾国数千年以此为教,其有受恩而背忘者,势且不齿于社会而无以自存。吾国人抱此信念,故常能以义务思想,克权利思想,所谓正义不谋利,明道不计功,非必贤哲始能服膺也,乡党自好者,恒由之而不自知,盖彼常觉有待报之恩,苟吾仔肩,黾勉没齿而未遑即安也"。

张季鸾的报恩思想在抗战过程中的体现莫过于他在《大公报》迁渝出版时表达的思想,"在这抗战期间,一切私人事业、精神上都应认为国家所有。换句话说,就是一切的事业都应该贡献国家,听其征发使用,各业皆然,报纸岂容例外"。

张季鸾是将身心完全贡献给了《大公报》,并通过报纸完全贡献给了社会和国家。因此他的新闻思想和他的人生观、价值观都有最紧密的联系。和普通报人不同的是,新闻不仅是他的职业,更是他的生命,他对新闻的贡献不仅是业务上的,更体现在对新闻精神的追求上,中国新闻的精神是绝不同于西方的,这种精神在张季鸾的身上体现得最完整、最典型。

《大公报》的专业精神

中国新闻史著名学者方汉奇曾对新记《大公报》有如下评价:"《大公报》的崛起,为中国新闻事业史翻开了新的一页。"费正清主编的《剑桥中华民国史》说它是"中国最有影响的独立无党派报纸"。而笔者认为《大公报》的诞生是中国新闻业现代化过程中的里程碑。

这份报纸的创办,在营业、管理、广告、发行、用人、福利等方面有自己的独到之处,符合一个现代企业的基本特征。

首先,这是一份私人经营的股份有限公司性质的报纸,是私人投资与智力入股相结合的新型投资结构,摆脱了政治与官僚资本的影响,可以使公司行为更为纯正。而对于一张报纸来说,这样的投资结构为日后其发表独立、负责言论奠定了稳固基础。启动金额五万元完全由吴鼎昌筹措。这五万元,是他商量于"四行储蓄会",从"经济研究经费"中列支的。在《大公报》股东的名册上分列有:盐业银行、中南银行、大陆银行、久大银行、永利银行、经济研究会吴鼎昌、范旭东、张伯苓、周作民，但这些人或机构对《大公报》的经营没有任何影响。胡政之、张季鸾的股份是报社给予的劳力股，即我们现在所说的智力股。

除此之外，1928 年底报社又增设"荣誉股"，以奖励为报社作出重要贡献的员工。首次获赠"荣誉股"的有曹谷冰、金诚夫、许萱伯、李子宽、王佩之。这项"荣誉股"先后赠送过三次，陆续获得的有王芸生、杨历樵、孔昭恺、费彝民、王文彬、王文耀、袁光中、赵恩源、张琴南、李纯青、萧乾、许君远、严仁颖、徐盈、曹世瑛、李清芳、叶德真、左芝藩、樊更生、周绍周、黄钱发、于潼等人。李子宽因生活条件较好，用一千元现金入股，他是在《大公报》同人中唯一以现金形式入股的人。

《大公报》股份在很长时间里没有多少变化，也不招募新股，直到 1945 年 4 月才打破这一惯例。当时胡政之以无党派人士的身份，作为中国代表团的成员，赴美国旧金山参加联合国成立大会。会议之后，他又遍访美国各大城市，同时为战后《大公报》的发展选购新型轮转印报机。在定货时，因所带美元不够，不得已接受美国华侨首领李国钦的五万美元入股。抗战胜利后，《大公报》的发展战略是，巩固重庆版，恢复天津版和上海版，选择时机恢复香港版。津版、沪版的恢复，耗尽了《大公报》的财力，1948 年初在筹备恢复香港版时，资金吃紧，胡政之又接受了维大洋行老板王宽诚两万美元的入股投资。

1948 年核定资产时，《大公报》股票共有六万股。在四十八位股东中，超过一千股的有：吴鼎昌九千七百五十股、胡政之七千五百股、张季鸾五千股、李国钦五千股、王芸生三千股、李子宽三千股、金诚夫三千股、曹谷冰两千股、王宽诚两千股、胡惠春一千二百股、黄浴沂一千股。另外，"四行储蓄会"的周作民一千五百股、王孟钟一千二百股、王毅灵五百股。关于胡政之的股份还有一段插曲。在胡政之病重住院期间，胡前妻之女胡燕吵着要股份，胡只得在"《大公报》股份有限公司股东姓名暨股权清册"上留一百股作为象征,而妻子顾俊琦(续弦)拥有六千四百股,胡燕拥有一千股。

《大公报》同人曹谷冰曾回忆说:"1957年,我在北京《大公报》看到一张红格纸写的股东名单,前面几名是周作民、王孟钟、王毅灵等,都是四行的首脑。"看来股东基本没有变动,但这些股东从未分过红息,更未干涉过《大公报》的言论。因此说,《大公报》的资金来源,是比较简单的。

其次,《大公报》的组织结构也呈现出现代企业的倾向。

《大公报》初创时虽为股份有限公司,但并没有建立健全的股东大会、董监事会等。当时《大公报》内部各部门互相通气,有问题随时商量解决,工作效率很高。自总经理、经理直到各课、工厂,有职有权,有独立处理问题的能力和主动精神。

在机构设置上,胡政之坚持"双轨制",把报馆分为编辑、经理两部,各司其职,以编辑部为主。胡政之常说办好报纸首先是编好报纸,但光有好的版面、好的内容,如果发行不力、广告不力,营业也无法维持。《大公报》的经理、副经理都从担任编辑、记者多年的职工中选用,如担任过经理的许萱伯、曹谷冰、金诚夫、李子宽、王文彬、费彝民等都曾是编辑部的骨干。它的好处是能沟通编辑部与经理部,避免隔阂,使编辑部随时了解经济情况,能够环绕编辑部开展业务经营,不致形成"两张皮",同时也培养了一批既懂业务又懂经营管理的人才。

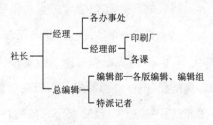

《大公报》组织结构图

这种组织机构的建设使各部分工明确,各司其职。经理部主要管理广告、印刷、发行等业务,而编辑部主要负责报纸稿件的撰写、新闻的采集等工作。为以后《大公报》的发展壮大打下了坚实基础,加强了报社内部的团结和凝聚力。

《大公报》后来设上海版、汉口版、重庆版、桂林版、香港版,都是按照这个组织结构独立行使职能的。

虽然编辑与经理两个部门是平行关系,但在管理调控上,由于领导层的合作较好,加上报社规模较小,管理跨度也小,能在部门间很好地制衡与协调,没有出现由于领导层管理疏忽而导致下属部门间内耗与争权夺利的现象,也没有因为控制管理不严而发生损害报纸利益的事情。两个部门发挥各自优势互相补台、互相配合。接办初期,发行量很小,胡政之等人经常清早就到闹市了解报纸零售情况,为了解受众对报纸内容的意见和要求,还扮成读者到公园听阅报人对报纸的意见,回来便同编辑商量如何改进。同时编辑部门也利用自身新闻信息灵通的优势,为实现较好的经营业绩服务。徐铸成 1921 年初到广州等地采访,行前吴鼎昌要求他"特别注意广东方面对北洋政府发行的各种公债持何种态度",后吴根据徐的暗语报告,大量购进善后债券,这种债券不久一直上涨,报社收益也不断增长。

领导团结是二者协调的润滑剂。领导的团结一致、率先垂范是凝聚报社各种力量的前提,如果领导层貌合神离,会让下属无所适从,也无法形成竞争力。吴鼎昌、胡政之和张季鸾三人关系熟稔,互相信任。胡与吴是同学,张与吴是东京留学时的朋友,胡与张是多年的老交情。三人都以报社发展为事业,一门心思做报纸。由于报社领导层的团结一心,内部机制的合理搭配,报社内部形成了积极向上的良好氛围。张季鸾交游广泛,一团和气,平易近人,没有架子。胡政之严肃内敛,但乐于助人,有较高超的领导艺术。三人性格各不相同,却能互补,从而形成了良好的领导权威,也得到了下属的支持与赞赏。

《大公报》领导层三足鼎立的局面在 1935 年吴鼎昌做官后改变,成为胡、张共管。1936 年因南下办上海版事,胡、张二人发生矛盾,后来虽然和解,但环境又发生变化,《大公报》随着中国抗战而不断西撤。胡政之、张季鸾二人从上海分手后,在撤退中于各地创办分版,张季鸾主持汉、渝两馆,胡政之管理桂林、香港两版,虽遇重大问题也互相通气,但实际上已成为两个系统。

1941 年张季鸾病逝,《大公报》由胡政之管理,《大公报》的内部机构随之发生变化。胡政之与吴鼎昌商议成立董监事联合办事处,对香港、重庆、桂林三馆实行"集体领导",由胡政之任联合办事处主任委员,并宣布了《本报董监会决议案》:一、设立董监事联合办事处;二、以胡政之、李子宽、王芸生三董事,曹谷冰、金诚夫二监事为委员,胡董事为主任委员;三、由董监事联合办事处综揽全社事务。同时还宣布正式成立社评委员会,由胡政之、王芸生、曹谷冰、李纯青、孔昭恺、赵恩源、金诚夫、徐铸成、杨历樵、蒋荫恩、王文彬为委员,王芸生为主任委员。

可以说,董监会的成立,使原本分散的《大公报》馆重新走向了团结,以胡政之为主任的董监事联合办事处成立后,胡政之掌握了报社的全局,使两个系统在形式上得到了统一。

为了便于统一管理,董监事联合办事处又陆续制定并颁布了一些必要的规章制度,如《职员薪给规则》,规定职员的月薪等级、特别费核给、年终酬金、生活津贴、年资薪的标准等。重新修订了《〈大公报〉工友请假规则》、《〈大公报〉社职员任用及考核规则》等。

1942 年 4 月 6 日,董监事联合办事处公布了《大公报》新的组织系统(如图)。

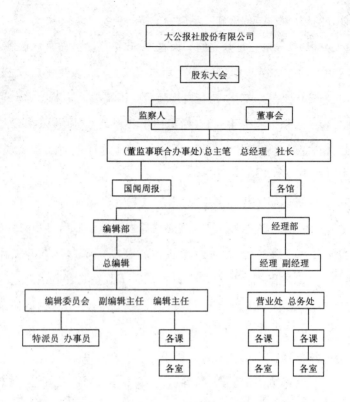

1946 年，胡政之决定撤销董监事联合办事处，在上海成立"《大公报》报社总管理处"。7 月 13 日，董监会通过了胡政之草拟的《〈大公报〉管理处规章》，领导上海、天津、重庆三馆的工作。总管理处下设秘书、总稽核、业务研究机构等，当时曾设想以经营《大公报》为主体，扩展其他经营业务，成立一个企业集团，并在四平路购置地产，为实现此项设想的开端。

此时，《大公报》社的实力已日益壮大，组织系统也逐步完善、细密而庞大，从其组织结构中我们也可以看出，其设置是比较精干的，可以提高办事效率。同时，胡政之一直处于领导机构的核心位置，使权力有所集中又体现民主，保证了对这个在全国有很多分支机构的庞大企业实行统一管理。虽然实行统一管理，但在管理过程中不控制思想倾向，让记者"放手干",保证了言论的多样化。《大公报》在经济效益和社会影响上,都达到了一个空前的高度。

第三,《大公报》的人事制度比较严格有序。

《大公报》特别注重人才的遴选、培养和使用。总经理胡政之认为:"报纸因为是商品的关系,所以竞争很厉害,一方面是人才的竞争,同时也就是资本的竞争。不过资本的运用,却要看人才如何而定。"报馆在人事制度上实行的是总经理负责制,总经理秉承董事会的决策办事,各馆秉承总经理的旨意做事。总经理有人事权、财权、经营权,不受任何方面干扰。总经理与总编辑共商编辑业务,总经理除处理经理业务外,也审新闻稿,撰社论。而各地报馆的经理、副经理都是选用编辑部骨干担任,这样可以沟通编、经两部,互相照顾、避免隔阂,成为《大公报》编辑、经营业务共同发展的成功经验。曾任《大公报》要闻版编辑的郭根说:"我觉得《大公报》的成功,大部在于中层干部的健全。以全国报馆来说,没有一家拥有像《大公报》那样素质高的中坚分子,无论是内勤与外勤。"

在用人问题上,《大公报》主张自行培养、选聘、从投稿者中录用等手段并用,即使通过人际关系介绍来的,也要经过半年试用考验,确有工作能力的才放置合适位置。一旦录用,则爱护备至,积极培养,充分发挥其才能,放手让其工作。而不称职的人员,则随时辞退,用他们自己的话说,不养"剩人"和"闲人"。试用期间,付给饭费和临时津贴。

而且报馆用人只认才德,不论出身。只要是有用之才,就会立即揽进报社,委以重任。王芸生原是天津《商报》总编,茶叶铺学徒出身,没有文凭,更没有社会背景,只因为屡屡挑战张季鸾的社论,被张季鸾看中,揽入《大公报》。张季鸾大胆启用王芸生,指导他编撰著名的《六十年来中国与日本》,使之一举成名。张季鸾病逝后,王芸生继任总编,与曹谷冰一道,成为新记《大公报》第二代领导人。陈纪滢出身邮局职员,没有多少新闻工作经历;范长江是在北大读书期间,经常在平津各报上发表文章被胡政之看中的;徐盈、彭子冈、杜文思是从投稿者中被发现的……胡、张等用一双慧眼将这些人才挖掘出来,不遗余力地培养提携,为《大公报》,也为中国的新闻事业培养了大批的新闻人才。

徐铸成在其回忆录里曾写道:"我以为千里马总有一股犟劲和奋蹄绝尘、仰首长嘶的习性,不靠伯乐识别,也要有识者善于驯养和给以奔驰的机会。这里面,要有耐心和功夫。政之先生的善于识人,是人所共知的。""那时,胡、张二位已五十有零,已退居二线,轻易不动笔,致力于培养后一代;且为推我(编辑主任)和金诚夫兄(经理)担负起第一线任务,创造一切条件。我到馆三天(头两天胡先生还问问我社论写什么题目,看看小样)以后,就放手不管,不仅各版大小样均归我审阅,社论稿(除我自写约一周三篇外,执笔者尚有杨历樵兄、袁道冲老先生和李纯青)统由我修改、润色"。胡政之认为用一些知名的记者或编辑来报社做事,可能"耍一阵子就走,于事无补",所以他特别注重从"沙子里发现珍珠",选择有培养前途的新秀,并给予充分的发展机会,让其在实践中锻炼增长才干,不遗余力地给予帮助。

当萧乾还是燕京大学新闻系的学生时,就因曾在《大公报·文艺副刊》上发表了短篇小说《蚕》、《小蒋》、《邮票》等,显示出文学才能,被胡政之看中。胡政之在萧乾大学毕业后即将其揽入《大公报》报社,主要负责副刊《小公园》编务。其时《小公园》的形式比较老套,急待改进。"萧乾把碰到的矛盾跟胡政之一讲,胡政之倒十分高兴地说:'你觉得不对头,就对头了,我就是嫌这个刊物编得老气横秋。《大公报》不能只编给提笼架鸟的老头儿们看。把你请来,就是要你放手按你的理想去改造这一页。'并且还说:'你怎么改,我都支持你。'"从胡政之的简单言语中,可以看出他对新人的信任,目光的长远。

1986 年 8 月，萧乾（右）与昔日《大公报》同仁刘北汜畅谈往事

　　报馆用人求精不求多，对于已发现的人才，不主张只精于一方面的或编辑、或采访、或经营的能力，而是鼓励他们向多方面发展。对于每一个新手，都给他们提供条件和机会，在发挥他们的个人专长之余，要求他们能够掌握"写"、"跑"、"照"、"论"等各方面的技能，兼通编辑、经营两部门的业务，成为新闻事业各方面的行家里手。

　　这些用人之道，既有助于人才的成长，也增加了团体的凝聚力，使《大公报》始终拥有一支精干的、团结的、有着很强战斗力的队伍。

　　上世纪三十年代，尽管国家风雨飘摇，但《大公报》上下却和睦如初，像个温暖的大家庭。工作有成绩，会得到奖励，业务出了差错，会受到处分，一切照章行事。不过，执行规章时，不乏灵活运用的事例。胡政之和张季鸾深知人有七情六欲，尤其是读书人，不能因为固执于某项规章而伤了员工的感情。徐铸成曾回忆说，他刚从北京调到天津当编辑时，家庭一时困难，便把《大公报》采来的新闻密告《京报》，从中挣点外快。胡政之发现后，既不说明，又不处分，反而给他加了薪，这种心照不宣的做法让他感激涕零。

　　《大公报》有一个不成文的内部规定，凡有党籍的人——无论是国民党还是共产党——概不录用。然而,上世纪三十年代初,天津《大公报》外勤课主任张逊之不仅是国民党特务,而且还是帮会头目,已到了开山门收徒弟的地位,因此胡政之在南下创办上海《大公报》之前,果断巧妙地逼走张逊之,保持了"不党"信条。按照老《大公报》人李纯青的话说:"不论新闻采访或评论,我不知有一事一字来自《大公报》以外的指示、暗示或操纵。我问《大公报》旧同事,皆如此说。"

5. 香港版与桂林版的创办

香港版

1937年12月12号,日军猛烈攻打南京,守城的国民党宪兵副司令肖山令中将、第一五六师参谋长姚中英少将、第一六〇师参谋长司徒非少将相继阵亡,南京在第二天陷入屠城之灾。而南京沦陷当天,日寇即沿长江西进,直逼武汉。这个时候,上海成了孤岛,武汉也面临着危机。于是胡政之想到去香港为《大公报》建第四家报馆。

1938年春,胡政之率领少数同人到香港筹办香港版《大公报》,但因英国当局的掣肘,到1938年8月13日,才在皇后大道开办。胡政之发表社论说:"这一年的严重外患,毁坏了我们国家人民多少事业,本报是民族事业中的渺小一份子,当然亦不能例外。然所幸者,不独心不死,人亦未死,虽然备历艰危,而一枝秃笔,却始终在手不放。"

由于时局变化,《大公报》馆址由洛兴行迁到利源东街一家小报馆。当时这个小报馆出版《新生晚报》,楼上是报纸的编辑间,楼下是个机器房印刷馆,《大公报》就借它的地方办公。晚报一出完,《大公报》人就开始办公出日报,有的时候一张办公桌子,两个人轮流来坐。条件的艰苦,大家都能克服,但当时人才奇缺却是一个大问题,很多人都是临时招聘来的。后来任《大公报》香港版副总编辑的李侠文回忆说,当时他就是"空枪上阵,自行摸索",事先没有编报经验,也没有人指导。刚开始写文稿编报,发排后大样上一片汪洋,幸得徐铸成指点,增加了一些分题,改动了一些栏数,版面才像点样子。但胡政之慧眼识英才,大胆起用李侠文、杨刚、马廷栋等,使之终成港版骨干。

港版的人员安排为:蒋荫恩、李侠文任要闻版编辑;许君远、曹世瑛任国际版编辑;张蓬舟负责地方版;杜文思负责经济版;章绳治负责体育版;麦隽曾负责本港版;文艺版是萧乾,萧不久赴英,由杨刚接替;翻译主任杨历樵;李纯青、马廷栋、梁厚甫分别担任日文、英文翻译。写社论的有徐铸成、李纯青、梁厚甫等。

1939年5月5日,《大公报》香港版发表社评《抗战与报人》说:"我们这班人,本来自由主义色彩很浓厚的。人不隶党,报不求人,独立经营,久成习性。所以在天津、在上海之时,往往与检查机关小有纠纷。""中国报人本来以英美式的自由主义为理想,是自由职业者的一门。其信仰是言论自由,而职业独立。"他同时不无骄傲地指出中国报业"走着英美路线,而在近来已具有相当规模,在社会上确已成为一种大的力量"。

港版发行,国内到达广东、广西、云南、福建,以及湘南、赣西等地;国外则到达南洋各岛及泰国、越南;中国驻外使领馆,国外各地中华会馆和中华学校,几乎都是港版的直接订户,日销量达到五万多份。

但《大公报》在香港本地的发行和业务却始终不够兴旺。香港特殊的商业社会性质,决定了读者对于商业、经济类新闻很重视,而对言论不太关心,《大公报》负责而独到的社评,在这里似乎英雄没有用武之地了,文人论政失掉了发展的环境。直到1940年1月22日,《大公报》独家发表了日汪的《日支新关系调整要纲》,并配发社评《揭露亡国的"和平条件",日阀的毒辣汪兆铭的万恶》之后,报纸在香港的发行才有较大幅度的上升。而且,香港报纸的售价和广告费都很低廉,发行收入无法抵偿出报成本,而广告收入也不足以应付各项开支。因此《大公报》在香港的营业始终处于亏损状态。

1942 年 12 月 8 日,太平洋战争爆发,香港遭日军海陆空围攻,香港版《大公报》馆虽未遭遇过轰炸,但设在罗便臣道和西摩台的两处员工宿舍都曾遭到过日军的炮击。据当时同人们的回忆:"罗便臣道宿舍突中六发炮弹,楼下及二楼各中一枚,毁室而未伤人,一枚落四楼窗外未爆炸,另三枚中屋顶,因建筑坚固未炸穿,可谓大幸。"12 月 13 日九龙失陷,《大公报》发表社评,宣称"我们要吃下砒霜,毒死老虎,以报国仇",并在此社论中引文天祥《正气歌》中"人生自古谁无死,留取丹心照汗青"的悲壮诗句。报社随即关闭。

然而胡政之却困在了香港。胡政之在棉袍里藏有三颗圆形铜扣,决心一旦被日军发现,便当即吞服自杀,绝不受辱。幸运的是,胡政之后来乘舢板渡海,虽历尽千辛万苦,终归逃出虎口到了桂林,继续在桂林《大公报》上宣传抗战。

桂林版

港版在苦守阵地之时,所幸重庆《大公报》销量喜人。但日寇疯狂轰炸韶关,局势不稳,为保万全,胡政之在香港创办分馆的同时,于 1941 年又开创桂林版。

1941 年初的桂林已经有数家比较著名的报馆,如《广西日报》、《扫荡报》、《力报》、《救亡日报》等,前三者实力雄厚,日出对开纸一张的大报。

《大公报》在桂林创办,首先遇到的难题就是没有合适的地址,既安全又便于推动报馆业务的地方早被先来者捷足先登。后来得到在湘北指挥作战的关麟徵将军的关照,得到了七星岩附近的一个岩洞。当时那里洞口极小,仅容一人通过,经过挖掘,竟挖出个大岩洞,足有三层楼那么高。他们请动力工程师在岩洞内设计、安装了木炭动力发电机,解决了基本的照明和印刷动力问题。

后来报馆还在山坡上修建了编辑部、印刷厂、经理部、"季鸾堂"(可

敌机轰炸后,桂林守军宣传人员在墙壁上书写抗日标语

用作饭堂、俱乐部等)、职工宿舍、补习学校、篮球场、足球场等,占地三十七亩,是抗战时期各地《大公报》馆中最大的一所。

《大公报》桂林版很受读者欢迎,但毕竟桂林是一个小城市,又值战时,因此市内发行量不大,只有三四千份,主要以附近省市的原销户为主,总量在两万份左右,却也"跃居桂林各报及桂、粤、赣、黔等省之第一位"。

桂林版为了给读者提供比国内官方通讯社更快的消息,每天将欧美通讯社用莫尔斯电码向东南亚定时发布的全球性要闻收录下来,译成中文,供编辑部使用。收听机器微调度不精密,杂音干扰多,工作室也很简陋,隆冬深夜寒风刺骨,夏天酷热汗流浃背。但大家一丝不苟地跟上国外那些通讯社用机器按发电码的高速度,把一个个电码译成英文字母,这样的工作态度,让同行肃然起敬。

桂林版原是胡政之未雨绸缪之为，是作为港版停办后的退路创办的，因此管理层基本都是港版重要人物兼任，金诚夫为经理，徐铸成为总编辑。其余编辑记者多为港版停刊后来桂林的人员。

桂林为桂系(李宗仁、白崇禧、黄绍竑)地盘，当时保持着独立的政治体系，文化控制比较宽松。许多进步文化人士与进步文化企业，一时群集这里，成为战时中国文化城。有人这样说："那个时候，桂林新闻界的蓬蓬勃勃，虽不敢说是绝后，但确已是空前。领导群伦的是《大公报》，主持《大公报》桂版笔政的就是徐氏。"

桂林时期也可以说是徐铸成在《大公报》最辉煌的时期，事业达到了顶峰。得胡政之的同意，言论方针力主自由民主，政治上与渝版保持距离，一般不转载渝版社论，保持独立思考。社论除徐铸成自己写外，还请社外著名文化人如千家驹、张锡昌等人执笔。渝版女记者彭子冈的通讯在重庆发不出，桂版照发。徐铸成的社论与彭子冈的通讯，成为桂版的两大特色。有人称誉"他的社论真是赛过几师雄兵，他的副刊成为真正人民的园地"。

无奈好景不长，湘桂战役失利，桂林陷落在即。1944年9月13日，桂版《大公报》在桂林沦陷前忍痛停刊。桂林版同人是在敌军逼近时仓促撤离的，所有办公用品和自建的一百几十间大小房屋，全被烧毁。职工们或爬上闷罐车，或乘船，或徒步跋涉，最终撤入重庆。至此，《大公报》已经被迫放弃了津、沪、汉、港、桂五个分馆，这些"事业财产"也"大抵随国权以俱沦"。

于是《大公报》重庆版成了最后一个据点，各版《大公报》人员聚集在此。不幸的是报馆内部开始出现了明显的派系。从桂林等地方投奔过来的同人，被视为寄人篱下的"食客"。胡政之叮嘱徐铸成和金诚夫万事要忍让，告诫二人"你们来渝馆，好比二房一家破产了，来依附大房，要处处谨慎，懂得'以小事大'的道理"。

据徐铸成回忆说,在重庆的一年,他基本上过着"半冻结"的生活。虽然《大公晚报》由他主编,但也只主"编"而已,规定他不写评论,连短评也不要,每天只忙碌两三个小时,看完大样就完事。那时不仅他,就是报馆老领导李子宽也根本插手不了渝馆的管理工作,"形同食客"。李侠文也在回忆中提到,渝馆容纳了各馆涌来的人员,僧多粥少,工作安排大费周章。为了不荒废业务,他和杨历樵编辑《大公报小丛书》,不久仍然叫他每月编报两周。他委婉地写道:"1945年抗战胜利,津、沪两版次第恢复。大家都归心似箭,不愿在川久留。"而胡政之来渝后,也只参加社会活动,对馆内杂务、甚至评论工作(当时完全由王芸生主编)也不加闻问。

这样尴尬的处境,幸而因抗战胜利而改变。1945年8月,《大公报》董监会决定派徐铸成和李子宽去上海筹备复刊上海版,任命徐为总编辑,李为经理。荣膺新命的徐铸成说"胜利"把他解放了,又可挥毫写文章了。

除了人员有派别方面的不同,《大公报》不同地区分版的编辑理念也是有差别的。天津版和上海版因创办时是胡、张等并肩作战,因此意见比较统一,编辑理念比较一致。但当他二人开始分别管理不同分馆时,各自的特点就显示出来。特别当第二代领导人成长起来并开始接手报馆事务,各版间的差别就更为明显。

武汉《大公报》在张季鸾的直接管理下,比较接近正统。

桂林版和重庆版在风格上有所不同。重庆《大公报》是由曹谷冰等人管理,王芸生主要负责评论。以日报来说,桂林版显然要比重庆版更开放,从社论到彭子冈等人的通讯都是如此。据当年任桂林《大公晚报》副刊主编的罗承勋回忆,重庆《大公晚报》的风格和桂林《大公晚报》比较相似,新闻活泼,副刊泼辣,不过由于地处陪都,政治气氛不如桂林那样宽松,版面毕竟不如桂林那样放得开。桂林版晚报到了重庆后虽有所收敛,但还是比日报要显得左。这也许和主持人不无关系,晚报的主持者是从桂林撤回去的徐铸成等。他后来加盟了著名左派报纸《文汇报》,其离开《大公报》也有因他的评论比较左的缘故。

重庆《大公晚报》副刊《小公园》以杂文的尖锐性而闻名,曾引起国民党官方的不满,陈布雷还和人说,实在不明白《大公报》为什么要出这样一份晚报。在馆内的一次会议上,王芸生表示,《大公报》好像一个蓄电池,好不容易蓄满了电,却让晚报的《小公园》在那里不断漏电。这显然是他在受到外界的压力后表示的不耐烦。

抗日战争时期的八年,是《大公报》有史以来遭遇困难最多的八年,也是《大公报》事业发展最大最快的八年。在这八年中,《大公报》由天津、上海两个版,发展为天津、上海、汉口、重庆、香港、桂林等六个版,由地区性报纸发展成为全国性的大报。天津、上海沦陷后,《大公报》的汉、渝、港、桂四个版,都因为坚持抗日,深得社会的同情和信任,受到了读者的欢迎,发行数字不断飚升,相继成为所在地区发行量最大的报纸。然而,在残酷的战争中,也只有重庆《大公报》一家,坚持到了抗战胜利。

新闻史学界泰斗中国人民大学的方汉奇教授曾撰文说:

抗日战争时期是我从高小到高中毕业的一段时期。当时虽然还只是一个青少年学生,但是开始的那一两年已经能够看报了,后来则是天天看报了。1937年卢沟桥事变爆发的那一天,我在北京。同年7月中旬到8月中旬,为了等船南下,在天津逗留了一个月。这一年的8月至1938年底,我在香港住了一年多。1938年底到1939年4月,我又转回上海,在租界里待了多半年,然后辗转经海防、昆明到重庆。1939至1942这一段时期,我在重庆挨过近三年的轰炸。此后的两年,因为多次往返于粤桂两省的韶关、柳州两地,曾经四次经过桂林,在那里住过一个多月。因此,我曾经是抗战时期《大公报》除汉口版以外的天津、上海、香港、重庆、桂林五个版的读者,可以大体上算得上是这一时期《大公报》的历史见证人。在我的心目中,这一时期的《大公报》唱出的是时代的强音,体现的是一代知识分子和中国人的良知、他们的炽烈的爱国热情和抗战必胜的坚定信念。抗日战争时期《大公报》的这一段历史,是整个《大公报》报史中最为光辉夺目的一页,它将载入中国新闻事业的史册,永垂无疆之休。

第三部分
张季鸾后的《大公报》

王芸生主持下的《大公报》

失去了张季鸾的《大公报》开始了由王芸生主持的时期。

王芸生是在与张季鸾笔战时被张发现,并延揽到报社的。那还是在天津《大公报》刚刚复刊不久。

1927年3月,北伐军打进南京,当时英、美、日、法、意等帝国主义国家派出军舰炮轰南京,程潜率领的第六军官兵奋起反抗,捣毁了南京的一些外国领事馆。针对这一事件,《大公报》连续发表社论,指出不应该捣毁外国领事馆。1927年4月1日,张季鸾发表《躬自厚》社评说:

> 东方道德所以为人类交际之规范者殊,其中一义曰:"躬自厚而薄责于人。"人与人如是,社会和平矣;国与国如是,世界和平矣。今之中外关系亦然。如其咎在我者,我应自责之,所谓"躬自厚"也。而为外人者,亦应自省其过去或现在之咎责,同时承认我国民一般之友谊,盖虽不敢望其自厚,而不得不劝其勿专责人也。……吾人终信"躬自厚"之说,应为中国之处之要义。不论何军或非军,苟扰乱秩序,损害人民,必应彻惩之。果军队也,必应处分之,不论

其所伤害者为外人,或本国人也。政治之初等要素,为保持安宁秩序,不论为专制,为立宪,为英美式或苏俄式,亦不论其所持为何主义与原则也。此而不能,则浸假必至于死亡,遑言外交乎。吾人虽责外人不应夸张,而实不能不望国民自责而痛加纠正之也。

第二天,王芸生即在国民党天津市党部所办的《华北新闻》中发表了反驳文章《中国国民革命之根本观》,驳斥了张季鸾在被人欺凌时还怀抱"躬自厚"的思想。他在文章中指出,"中国自鸦片战争以来,即沦为帝国主义侵略下的半殖民地,被侵略者对侵略者无所谓'躬自厚'的问题。中国国民革命的根本任务,不仅对内要打倒军阀,对外还要取消一切不平等条约,把帝国主义的特权铲除净尽!"

王芸生

张季鸾一贯秉持中国文人的立论标准,这种标准的核心是中国传统的道德观,因此在国际问题面前,首先谈到的也是道德问题,并在此基础上指责帝国主义对中国的不义行径,应该讲这种指责是没有多少力度和远见的,没有看到事态发展的长远眼光,也就像有人对其社论作的批评,"只管二十四个小时",经不起历史的检验。

而王芸生的社评,确实抓住了张季鸾社评中的缺陷,其立论的标准似乎更高一层,很具政治头脑和历史眼光。

王芸生的文章发表后,张季鸾并没有作回应,只是打听这篇社评的作者是谁,当得知后,就传话给王芸生,希望会晤。王芸生专门到《大公报》拜访总编辑张季鸾。后来王芸生离开《华北新闻》,主笔《商报》,但又因与老板在观点上分歧严重,不得不辞职,于是给《大公报》写了封求职信。张季鸾求才心切,亲自登门接王芸生到《大公报》,而王终成为张的接班人。

张季鸾学贯中西,国学根底深厚,深受中国传统文化和道德力量的影响,屡次提到他是怀着"报恩"思想生活的。张季鸾虽也接受西方资产阶级思想,但在个性为人方面更体现了传统知识分子的价值观,中庸而不激烈,爱国而正统。王芸生是不一样的,困苦的童年和青少年时代的经历,使得自学成才的他更有一种相对激进的思想和嫉恶如仇的品行。所以他曾在1940年6月29日,针对当时四川粮价连续暴涨,老百姓苦不堪言的社会现状,发表了《天时人事之雨》的社评,主张用曹操借人头的办法,杀几个囤积居奇的奸商,以平抑物价。"物价问题,这是人们最感烦闷的一个问题。政府从事平价,时经半载,而愈平愈高,固然原因甚为复杂,而负责平价的机关是否应有些责任感,而自行引咎一下?且道路传言,某也囤积,某也操纵,也从未见惩办过一人。是否就并无其人也无其事呢?昔曹操行军,军心忽动,群谓某人克扣粮饷,操即传见某人,说:'借你一物,以安军心。'某人的首级一经示众而军心立平。在今日的情形之下,还不应借几个人的脑袋用用,以平民愤吗"?"总之,一般的大病,在于无责任心,少羞耻感;所以对病之药,就是——明是非,重赏罚。人心正苦旱,甚需要在人事上落些及时雨"!文章发表后好评一片,但张季鸾却对他主张杀人的做法表示异议,"我们的报纸怎么能主张杀人呢"?

在王芝琛回忆其父的文章中,提到这样一个细节:有一次报馆开社务会议,胡(政之)总经理在会上批评某经理以报馆名义做投机生意。从来不过问报馆财务的王芸生,却一时冲动起来,走过去给了该经理一个耳光,令开会的都感意外。会后胡总经理劝王芸生应该认个错,无论如何不该打人。王芸生怒气未消,高声说:"我们《大公报》成天写文章骂政府有一帮贪官污吏,现在我们报馆也出这种事,叫我们还怎么写文章?"

王芸生和张季鸾的确有很多不一样的地方。汤恒曾经把张季鸾和王芸生的文章做过一番比较,说"他们两人的文章都是热情而风格上各有不同。王芸生是冲动的热情,张季鸾是沉郁的热情;王芸生的文章色调明朗,而张季鸾的文章色调流丽幽峭;王芸生的文章是用事实的分析来渲染文章的气势,而张季鸾的文章则是层层剥笋,论证严密,以理服人;王芸生喜用骈四骊六的句式,而张季鸾则是质朴无华,干净利落"。《大公报》人周雨对王芸生文章的评价是"动人心弦的锋利文笔"。著名报人俞颂华在《富有热情的王芸生》一文中的评价为:"(其)立言的长处是在常以国家为前提,而站在人民的立场,说一般人民所说的话。"

张季鸾病逝后,《大公报》社论成了王芸生的个人观点,无论多么尖锐的政治问题,都是王芸生一人执笔,不与任何人商量。他的文章江河直泻,引人入胜。他的为人却是独断独行,不愿受任何人指挥。他一生只崇敬两个人,一个是张季鸾,一个是陈布雷。他并不通达国民党上层的情况,与做了高官的《大公报》前辈吴鼎昌毫不往来,偶尔仅向陈布雷求教。在对待蒋介石的问题上,他也和张季鸾截然不同。陈布雷希望《大公报》能和张季鸾在世时一样,以政府为中心,关键时刻替国民党出力。张去世后,他即致函王芸生说:"我和《大公报》及你个人的交情将和张季鸾在世一样,希望我们保持密切的接触。"

但王芸生认为记者必须有自己的职业操守,即"真"与"勇"。他说:"新闻记者怎样执行这种实际、庄严而有意义的职务呢? 我们认为只有'真'与'勇'两个字。真实地记出你所见到的事,勇敢地说出你心里的话,可以无愧为一个新闻记者了。敢说、敢做、敢担当,是自由人的风度;敢记、敢言、敢负责,是自由报人的作风。新闻自由应该如此求,也应该如此用。"

在如此思想指导下,当 1943 年初河南省发生大旱灾、饿死无数人时,《大公报》发表记者通讯《豫灾实录》,王芸生根据记者报道的河南旱灾惨状,并对比重庆上层的奢靡景象,写了一篇题为《看重庆,念中原》的社评,发表在 2 月 2 日的《大公报》重庆版上,终于得罪政府。这篇社评发表的当晚,国民党新闻检查所派人送来了国民党政府军事委员会限令《大公报》停刊三天的命令。执行人考虑《大公报》停刊,必然会引起广大读者对国民党的反感,便不准报纸刊登停刊启事,当时适逢春节,妄图欺骗读者以为《大公报》是春节休刊,蒙混过去,但不少读者依然跑到营业处问原因。

事后,王芸生不服,找到陈布雷说理,陈严厉地说:"这是对你的警告,你还有什么可说?"陈接着说:"蒋委员长根本不相信河南有灾,说是省政府虚报灾情,并且严令河南的征实不得缓免。"对此,王芸生深怀不满,对陈的警告亦不以为然。

1943 年春,抗日战争到了末期,欧洲战场和太平洋战场打得如火如荼,而中国正面战场则毫无生气,绝少胜利的迹象。同时在重庆的蒋介石政权却日益腐败,在通货膨胀、物价跳涨中,蒋、宋、孔、陈四大家族的官僚资本加快了积聚的步伐,社会下层的劳动人民苦不堪言。王芸生从 3 月底至 5 月中旬策划和组织了十几篇文章,大谈"爱、恨、悔"。他认为,耶稣济世是由于"爱",马克思倡导社会革命是由于"恨",佛教普渡众生是由于"悔"。这十几篇文章呼吁民众恨坏人,恨贪官污吏,认为上自领袖,下至庶民,都要忏悔,这在当时产生了一定的反响。5 月 10 日,王芸生接到陈布雷的电话说:"我要再次警告你,请《大公报》不要再发表谈爱恨的文章了。"原来蒋介石的腐朽统治,已经不起这类激荡。

1944 年 6 月,由美国装备训练的中国远征军攻占了缅甸北部的孟拱,从而奠定了缅北的胜局。王芸生知道攻占孟拱的重要意义,马上撰写了一篇题为《孟拱之捷》的社评,发表于 6 月 29 日的《大公报》重庆版上。王芸生在这篇社评中，称赞史迪威将军"胆识过人，意志坚强，智勇冠三军"。当天晚上，王芸生接到陈布雷来函称，"我要第三次警告你了"，对于王称赞史迪威将军，说"介公颇不谓然"，并谓对美军称颂宜持"保留态度"。蒋介石和史迪威的矛盾，其中夹杂着更根本的国共之间的矛盾。陈布雷还对王说："美国朝野近来时时提及'抗战须依赖广大人民'，此语诚然不错，然有其来源与背景，亦更有一种恶毒之用意，此即'减少统帅威望，抹杀善战军队功绩'是也。"

自张季鸾过世后，王芸生主持下的《大公报》经常对国民党进行激烈批评，这主要是因为自进入抗战艰苦的相持阶段后，国民党政府的抗日勇气和战绩均大不如前，各种腐败现象横生，人民怨声载道，王芸生对此非常愤慨。

亲历日本投降

1945 年 9 月 2 号上午，美军密苏里号军舰停泊在东京湾，前日本外相重光葵，一瘸一拐地登上甲板，代表日本天皇和政府，在受降书上签字。《大公报》记者朱启平亲临现场，写下中国新闻史上经典之作《落日》，成为不朽名篇。

当时《大公报》还有一名记者也在密苏里号军舰上采访，他的文章更有深意。他就是在桂林版《大公报》停办时被派往东南亚盟军总司令部任随军记者，1945 年又转入英国太平洋舰队采访的黎秀石。

受降仪式举行后，黎在舰艇上访问了中国受降代表徐永昌，请他对《大公报》读者谈受降感想。徐沉思一段时间后，语气沉重地说，"今天，无论是投降的日本还是受降的各国，都应该忏悔"。听到这话，记者很感突然：经历了如此艰难而得来了胜利，所有的战胜国都在祝捷，兴高采烈，为什么要忏悔呢？黎记者想请徐将军再往下谈，但他却不说了。徐的原话随即在重庆《大公报》上被披露，也没有做任何解释。当时就有很多读者来信询问报馆该如何理解徐将军的话。

1945 年 8 月 15 日,《大公报》的报道《日本投降矣》

　　五十多年后,当年采访徐永昌的黎秀石略谈了一下他的理解:日本是战败国,对他的罪行应该有起码的忏悔,但他的作为实在离忏悔太远。造成全球性的空前惨剧,除了德、日、意三个元凶外,战胜国难道就没有一点责任吗?我们先辈有句遗训:人必自侮然后人侮之,国必自伐然后人伐之。广土众民、资源丰富的中国,几十年来竟被资源贫乏的日本步步进犯,招架不住,一再受辱,归根到底难道不是咱们自己不争气吗?今天庆祝胜利之余,确实应该痛定思痛。

英国搞英日同盟，养虎为患。三十年代，日本发动沈阳事变、占我东北，国际联盟派李顿调查团到我国调查真相，该团发表的报告书偏袒日本，对其显然是侵略的行为不加谴责。李顿是英国政府要员，英国那时还是个强国，在国际联盟举足轻重，如不姑息日本，联合各国制止其侵略，日阀何能得寸进尺，愈演愈烈？接着，英国在欧洲犯下同样的且更大的错误——执行绥靖政策，助长法西斯侵略野心，以致不可收拾。英国在祝捷之余，确实应该忏悔！

黎秀石从日本发回的报道

美国的孤立主义者也未尝没有助长德、日、意的侵略野心和行动，最后直到日本打到美国头上来，损失惨重，才拿起武器站到反法西斯侵略的阵营来。美国一向宣称它的外交政策是维护世界和平，若果真如此，它应该早两年就协同中国制止日本侵略，这起码可免珍珠港之辱。

而在即将胜利之时，美国为了让苏联出兵中国东北，竟背着中国向苏联保证，如果苏联能够在德国投降之后三个月内对日本宣战，苏联战后在中国东北可得旅顺为军港，与中国共管"南满"铁路等等权益。如此慷别人之慨实在有失君子风范。而苏联在东线与德国交战时，是谁对日艰苦作战八年，从而使其免受轴心国东西夹击？中国对日作战八年，为保卫世界和平与正义，损失惨重，从未向任何邻国索取报酬，而苏联对日作战八天，却要中国付出如此报酬！此情此举，和强盗有何分别？当然更要忏悔！

采访完徐永昌，黎秀石接着写了《惩前毖后》、《日本人在想些什么》、《二十年后》和《东京死寂之夜》等。这些深刻的采访和通讯显示出日本对战败根本没有悔意。这是第一个警告大家日本军国主义并没有从日本国土消失的记者，那时包括中国在内的世界人民还彻底沉浸在胜利的喜悦中！这一警醒现在看来是多么深刻和正确啊！

重庆谈判的报道

最早报道重庆谈判的就是重庆《大公报》。1945 年 8 月 15 日，日本宣布无条件投降，王芸生在《大公报》第二版头条位置，刊出特大标题《日本投降矣》。结尾处，即披露了这条爆炸性新闻："蒋主席致电毛泽东先生，请其克日来渝，共商国事。"

蒋介石再三邀请，并派张治中将军护送毛泽东飞抵重庆，就政治民主化、军队国家化、党派平等合作三大政治原则举行举世瞩目的重庆谈判。在重庆机场，毛泽东发表书面演讲，宣布来重庆的目的是："保证国内和平，实施民主政治，巩固国内团结。"

为做全程记录，《大公报》特派著名女记者彭子冈一路追踪报道，王芸生亲配社论。彭子冈发表著名通讯《毛泽东先生来重庆》：

> 毛泽东先生，52 岁了，灰色通草帽，灰蓝色的中山装，蓄发，似乎与惯常见过的肖像相似，身材中上，衣服宽大得很，这个在九年前经过四川境的人，今天踏到了抗战首都的土地了。这里有邵力

子、雷震两先生,这里有周
至柔将军,这里有张澜先
生,这里有沈钧儒先生,这
里有郭沫若先生……多少
新交故旧,他都以极大的
安定来迎接这个非凡的情
景。"很感谢",他几乎是
用陕北口音说这三个字,
当记者与他握手时,他仍
在重复这三个字,他的手
指被纸烟烧得焦黄。

彭子冈(右一)

当他大踏步走下扶梯
的时候,我看到他的鞋还
是新的,无疑这是他的新装……毛、张、赫、周四个人坐了美大使馆
2819号汽车去张公馆小憩,……毛先生宽了外衣,又露出里面簇新
白绸衬衫。他打碎了一只盖碗茶杯,广漆地板的客厅里的一切,显
然对他很生疏,他完全像一位来自乡野的书生。

在女记者笔下,不为外界了解的毛泽东被描绘得栩栩如生。

那个时候,王芸生真是喜出望外,认为两党领袖"于国家大胜利之
日,一旦重行握手,真是一幕空前的大团圆"。谈判间余,毛泽东多次会
见《大公报》人,曾请王芸生吃饭长谈,王芸生也回请毛泽东做客《大公
报》,推心置腹地交谈。

席间王芸生曾对毛泽东谈,要共产党不要另起炉灶。毛泽东回答
了一句:"不是我们共产党要另起炉灶,而是国民党的灶里不许我们造
饭。"上世纪五十年代,这次对话成了王芸生的一大罪状,毛泽东幽默的
调侃被绘声绘色地描绘成"怒斥"。实际上,毛泽东心情不错,宴会结束

毛泽东在重庆红岩村与八路军办事处人员及美国友人合影

后,还特地为《大公报》写下五个大字"为人民服务"。但岁月流逝,光阴荏苒,已很少有人知道这随处可见的著名的五个字,究竟是写给谁的。

抗战胜利后的各版命运

早在抗战胜利后不久,国统区就兴起了一股宣传"第三条道路"的潮流,其代表人物中有不少是民主党派成员。国共合作于 1947 年 2 月破裂后,《观察》、《新路》、《大学评论》、《时与文》、《文汇报》等报刊发表了不少宣传"第三条道路"的文章,将"第三条道路"运动推向高潮。所谓"第三条道路"就是既反对国民党独裁统治,又反对共产党的人民政权,强调在中国建立一种类似于美国的民主政治。有人认为其实质是代表资产阶级和上层小资产阶级利益的道路。《大公报》也积极推动"第三条道路",发表既反对共产党也批评国民党的文章。

抗战胜利后的 1945 年 8 月，根据胡政之年初离渝时留下的意见，《大公报》人员立即着手恢复抗战前原有的事业。《大公报》上海版于 1945 年 11 月 1 日复刊，天津版 12 月 1 日复刊，香港版 1948 年 3 月 15 日复刊，重庆版继续出版。

上海版 1946 年春，胡政之、王芸生相继由重庆返回上海，并定沪馆为总馆。总经理胡政之宣布撤销董监事联合办事处，成立《大公报》总管理处。总管理处主要负责人为：总经理胡政之，总编辑王芸生，副总经理曹谷冰、金诚夫，副总编辑张琴南。后来由于形势急剧变化，原来计划创办广州版、筹建沪馆新址的计划都被取消。

1948 年，王芸生与上海《大公报》同仁合影于冠生园农场

1945 年沪版复刊时，采访课只有三个人，主要负责军事、文教和市政部分。但上海读者比较注重本市新闻，《大公报》的本市新闻由自由投稿人陈天赐承包（后来他也转为正式记者）。因此当时《大公报》的社会新闻和本市新闻的数量和质量都比不上上海老牌报纸《申报》和《新闻报》。

随着业务的开展,采访课人员不断增加,到上海解放时,经常保持十二三人。其中少数来自其他新闻单位,多数是大学毕业后来馆工作的。在年龄上,有三四个人是 30 岁出头,其余都在 30 岁以下,是一支年轻的记者队伍。

人多了,采访课的分工就细了,有政治、经济、市政、文教、交通、社会、外事、体育,基本是一人一摊。所写新闻主要供给本市新闻版、教育版、体育版和经济新闻版。刚开始时报纸每天出一大张,四版,本市新闻放在第三版下边,没有版头。1946 年下半年增出一张半后,才设本市新闻专版。1947 年报纸增加到每天出三大张,本市新闻日出两版,另辟经济新闻版和教育与体育版。四个版每天的需稿量很大,主要靠记者的采撷。虽然当时上海有很多通讯社,但《大公报》却很少采用他们的稿子,这样每个记者每天写个三五条新闻都很正常。

那时的报纸比较重视达官贵人的“冠盖往来”和社会名流的“时人行踪”。为了不漏掉这方面的动态报道,《大公报》在上海北站、龙华机场、国际饭店等处都布置了“通讯员”,其中多由电话员、服务员等兼任。对这些“通讯员”,并不要求他们写作,只要求遇到名人来往,及时通知报馆,逢年过节时,报馆送些烟酒酬谢。《大公报》因为有这些“通讯员”作耳目,捕捉那些新闻人物的踪影,一有事态发生,便有电话联系,因此很少漏掉重要的社会新闻。

虽然采访课的工作是在编辑部领导下进行的,但编辑部是很放手的,很少有具体指示和要求。一般来说,采访课的记者能够自觉地坚持《大公报》的“四不主义”,保持自己和报纸基本一致的立场。政治性新闻报道是这样,一般社会新闻也都能注意不流于庸俗和低级趣味,与一些商业性报纸格调低下的社会新闻不同。

由于大家整体上的文化素养、思想倾向比较接近,因此很少发生采访课发给编辑部的稿件被退回来,或者发表的新闻报道与《大公报》的办报方针相抵牾,或者采访课主任和记者之间因稿件取舍问题产生矛盾的。

《大公报》沪版复刊后,大受读者欢迎,发行量突破十万份。

但在政治上,王芸生依然坚持中间路线。上海《大公报》复刊后两个星期,毛泽东在重庆《新民报》晚刊发表《沁园春·雪》。过了一个星期,王芸生给傅斯年写信,将毛泽东的词作抄给他,并说看看"此人满脑子什么思想"。又过了一个星期,天津《大公报》复刊,在这连连的喜事中,王芸生仍旁敲侧击,继续对《沁园春·雪》借题发挥,指桑骂槐。此时他仍不知道何去何从,依然以自由知识分子的立场,抨击所有他认为应该抨击的东西。他曾委婉批评斯大林对华霸权,被《新华日报》指控为法西斯的帮凶。内战爆发后,王芸生依然凭着书生之见,对国共两党评头论足。

1948 年 10 月,解放军占领长春

1946 年 4 月长春局势正紧张,东北方面的新闻电讯纷纷传来:苏联军队于 14 日撤离长春,国共两军争夺长春的战事爆发。当听说百姓伤亡很大时,王芸生写下了一篇社评《可耻的长春之战》,于 4 月 16 日在

《大公报》上海版上发表。社论攻击"共军用徒手的老百姓打先锋,以机枪迫击炮在后面督战。徒手的先锋队成堆成群地倒了,消耗了对方的火力以后,才正式作战"。认为这种战术"残忍到极点,也可耻到极点"。社评说:"敌人降了,盟军撤了,我们自己却打起来,实在太可耻了!快停止这可耻的长春之战吧!由长春起,整个停止东北之乱;更由东北起,放出全国和平统一的光明。"

《大公报》重庆版于4月17日也登载了这篇《可耻的长春之战》社评,重庆《新华日报》于4月18日发表题为《可耻的〈大公报〉社论》的社论。《新华日报》的社论说:"重庆和上海的《大公报》,前昨两天,登载了题目叫做《可耻的长春之战》的社论。这是《大公报》一篇可耻的社论。我们读了,实在为《大公报》惜。"它接着说:"这篇社论,承认东北问题有内政问题,承认东北的内战令人伤心,承认停战令和政治协商会议决议没有实行。但是谁不承认东北问题有内政问题?谁破坏停战令和政治协商会议决议?中国人民,中外人士,都知道这就是由于马歇尔将军所说的国民党'顽固分子'作祟。《大公报》不但不敢说出这种浅显的真理,反而借长春战争为题,含沙射影,归罪于中共和中国人民。这样来替顽固派开脱罪名,并替顽固派帮凶,真是可耻极了!""国民党发动内战,……破坏了1月13日与3月27日两次停战协议,却一直没有听见《大公报》对这些罪行说过一句'可耻',到现在'长春之战',《大公报》忽然说这一战是'可耻'的了。对于《大公报》社论作者,凡是国民党法西斯反动派打击人民、残害人民、撕毁诺言、发动内战等事情,哪怕是天大的事,都是不'可耻'的,只要人民对于这种反动派还一还手,那就不得了,那就是'可耻'的了。《大公报》社论作者如此反对人民,应该是够'可耻'的了吧"。

对共产党的批评并不表示《大公报》和国民党更近一些,恰恰相反,国民党此时对《大公报》甚为痛恨,批评它已经变成"粉红"色报纸,发动了"三查王芸生"的行动。

内战爆发后,国民党政府查封《新民报》,王芸生写了题为《由〈新民报〉停刊谈出版法》的社评予以抨击。陈布雷看到王芸生的这篇社评,迅即找到国民党《中央日报》总主笔陶希圣说:"王芸生不是评论政治,他要指挥政府,甚至指挥最高统帅。这是王芸生在为共产党张目。晋朝阮籍有一句话,叫做'世无英雄,遂使竖子成名'。我如果年轻十岁,就下海再做记者,和他周旋,不让这般人如此猖狂!我现在可以宣布和王芸生绝交了。"他要陶立即写文章,予以反击。陶于7月16日为《中央日报》撰写了一篇题为《在野党的特权》的社论,说:"共匪的新华社咒骂我政府为袁世凯政府,所以王芸生君在社评中指现行出版法为袁政府时代的产物,以影射我政府为袁政府……王芸生君是新华社的应声虫。"王芸生见到这篇社论,以个人署名又写了一篇短文,发表在18日的《大公报》上,对《中央日报》的叫骂表示抗议。王芸生写道:"《大公报》向有一种气度,就是挨骂不还嘴,我个人也从不与人打笔墨官司。《中央日报》社论与《大公报》社评讨论问题,却以我个人为对象,全文十二次提到'王芸生君'如何如何,岂有此理。"

19日,陶希圣又为《中央日报》写了一篇题为《王芸生之第三查》的社论,开始了对王的三查运动。声称"我们大可发起三查运动来检讨王芸生君。我们的第一查,查出自1946年7月至1947年3月,王芸生君致力于国际干涉运动,为莫斯科会议做准备。经过了《大公报》九个月的准备,苏联外长莫洛托夫在莫斯科会议上提议苏美英三国共同干涉中国。"这是指1946年7月27日《大公报》社评《国际干涉之渐》,1947年1月25日社评《英国议会对华干涉论》,2月1日社评《当前时局的内外大势》,3月10日社评《莫斯科会议开幕了》,3月13日社评《莫斯科会议第一炮之反响》,3月16日张明养的星期论文《中国与莫斯科外长会议》,都是呼吁停止内战以避免国际干涉的文章,被南京《中央日报》列为王芸生的罪状之一。《中央日报》的社论接着说："我们的第二查,查出自1947年3月以后到今日,王芸生君以《大公报》贡献于反美扶日运动。是他首先在《大公报》发表文章,指责麦克阿瑟将军扶植日本,必将利用日本军队到中国来,一面攻苏,一面剿共。是他继续不断响应共匪新华社的广播,为共产国际策动的反美扶日运动努力。马路政客、残余保守党和职业学生,反美扶日宣言,都是他王芸生作为宝贵的资料而提供《大公报》的篇幅。他这一贡献大了。这一贡献大可以孤立美国,破坏麦克阿瑟将军的信誉,为苏联在北太平洋和我们东北的扩展政策开路。"《中央日报》继续说:"今天我们等待着第三查。本月10日,中国共产党中央委员会通过了一个决议,响应共产国际谴责南斯拉夫共产党的决议,命令共匪党徒'热烈研究'共产国际情报局这一决议,加强教育一般党徒克服民族主义,为共产国际效忠。我们等待着王芸生君谴责南斯拉夫共产党特别是狄托(即铁托)元帅的论文和通讯在《大公报》发表,作为他效忠共产国际的证明。"实际上,《中央日报》的这第三查是"莫须有"的,因为《大公报》早在6月30日就已经发表了王芸生写的题为《狄托之变》的社评,而那篇社评王芸生根本没有谴责南斯拉夫和铁托,只判断此事"包含着一个深刻的世界思想和国家思想的冲突"。

王芸生写社评不愿与人商量,遇到反对意见,王芸生便生气地说"《大公报》就是王芸生!王芸生就是《大公报》"!他并不像张季鸾那样与国民党高层往来密切,甚至有意与之保持距离;论与共产党的交情,王芸生只是在"重庆谈判"时与毛泽东礼尚往来,远不比两次给蒋介石上历史课来得亲密,这使国共两党都觉得他是对方的人。

不过上海《大公报》对记者的保护是不遗余力的,1948年7月间,采访课记者唐振常被中统特务抓去。总编辑王芸生得知后,立刻打电话给市长吴国桢,让他放人。后来李纯青从上海地下党那里了解到周雨、方蒙等人被特务列入黑名单,就给他们准备了去香港的路费,以备随时撤退。

国民党对《大公报》内部人员的真实情况也搞不清楚,常常把不是共产党的人列入黑名单,而真正的共产党员却发现不了,如高汾是在重庆入党的老党员,季崇威是1938年入党的,他们都没在国民党的黑名单上,而同情中共的周雨却被列入了黑名单。

《大公报》内的中共党员并不多,他们各自与不同的上级单线联系,彼此之间互不了解。1949年春,随着胜利在望,上海的解放指日可待之时,地下党为了保护报馆迎接胜利,和同人一起组织了联谊会,参加活动的几个积极分子中就有戴文葆、潘德谦等中共新党员,也有季崇威等老党员。在这些人的努力下,报社同人看清国民党大势已去,在思想上为迎接解放做了准备,没有发生破坏事件。上海解放后几天,报社内就成立了党组织。

重庆版 虽然曾是《大公报》的重心,但抗战胜利后,随着报社管理部门的东移,重庆版不再是核心。但报纸的政治立场和其他各版《大公报》一致。

1946,蒋介石宣布召开国民代表大会,为了犒劳青年党的捧场,给他们安排了经济部长一席,由陈启天出任。中共发言人陈家康就此指出,这些党人像干瘪臭虫,必将趁机大捞一把。这条消息《大公报》是加框刊出的。据说青年党党魁和胡政之还是儿女亲家,他特意到《大公报》兴师问罪。但胡政之只是对王芸生说有这么一件事,丝毫没有指责当事记者周雨和发布消息的编辑。

重庆《大公报》在解放战争时期,也曾两次被控告。那时王文彬是发行人和经理。1947年2月,重庆《大公报》收到成都市广安旅蓉同乡会来信,揭露广安县长蔡天石贩烟包赌、纵匪贪污等罪行。编辑部派驻成都记者调查了解,查明确有实据,就在"读者投书"栏中发表。蔡天石派一名军法官到重庆法院控告《大公报》发行人,法院多次开庭,最后判决发行人"免刑"但要"登报道歉",王上诉高等法院,最后不了了之。

第二次是1948年底,重庆市社会局奉命对《大公报》提出"十项罪状",惩处《大公报》停刊三日。这"十项罪状"原文如下:

一、三十七年(1948年)二月二十五日刊《严寒东北》(高峰通讯),有违反政令,称"共匪"为"共军",夸大东北危机罪嫌。

二、同年四月二十五日刊《杯酒一席谈》(何永佶文),内有"政府得到美援,并未应用于国家,为一般中饱分子贪污了,又带到美国去置产业",并说"毛泽东是革命者",有诽谤政府、为匪辩护罪嫌。

三、同年六月二十三日刊《干枯东北》(高峰),毁谤政府,夸大危机。

四、同年七月十一日社论《由〈新民报〉停刊谈出版法》,有为《新民报》辩护其为匪宣传之事实,混乱视听罪嫌。

五、同年七月八日刊高峰通讯《跌在槽房里》,刺激学潮。

六、同年七月十五日,刊载毛健吾等联合请求立法院应即修正违宪旧出版法,题为《反对政府违宪,摧残新闻自由,并为南京〈新民报〉被停刊抗议》,系故意载此反对政府言论,刺激人心。

七、同年八月十六日刊《山东学生在京乞讨度日》,刺激学潮。

八、同年十一月六日刊《武汉有"和谣"》,有故意刊载"和谣",扰乱军心、人心的罪嫌。

九、同年十一月十六日本报讯《碾庄地区战事持续,宿县郊搏斗激烈》,有夸大匪军力量罪嫌。

十、同年十一月二十五日刊《"共匪"广播声明反对美援》,故意转载此类消息,为匪张目。

审理此案的法官也不愿得罪《大公报》,说"这个案子是上面交下来的,我不敢宣判王文彬无罪,但我有权拖延判决。王文彬对法院传讯,必须随传随到,不要避不到庭,也不要完全依靠律师辩护。我有权多开调查庭,可以迟迟不判决"。王按照法官的意见,每次开庭都到场,结果拖拉半年，也不了了之，《大公报》没有停刊。

1947年6月1日，国民党因为之前发生的重庆学生"反饥饿、反内战、反迫害"的罢课示威游行，开始在全国进行大搜捕。重庆市的文化、教育、新闻界人士被逮捕了三百多人，重庆《大公报》记者除一名到医院探视亲属未被抓获外，其他记者以及部分亲属被抓。这一暴行受到各界人士的谴责。后来经报馆多方营救，其他同事都获释，只剩下方蒙和曾敏之还被扣留。方蒙是采写学潮的记者，而曾是采访主任。

这时，上海《大公报》总管理处发来电报，说，"方、曾两君事，爱莫能助"。电报到渝，全馆哗然，编辑部同事在激愤中写信给上海、天津两馆，及北平、南京、广州等地办事处，呼吁全体同事声援，要求总管理处竭力营救。在这样的氛围中，王芸生表示要营救，胡政之后来也表示同意。在大家的努力下，两人终于被释放。

当最后被释放的方蒙来到编辑部时，报馆同事放鞭炮庆祝，并举杯祝酒，方不禁热泪盈眶，感慨不已。

香港版 胡政之曾不止一次地同王芸生等人畅叙他对战后《大公报》发展的设想，除上海、天津、重庆三馆外，他还计划创办广州版，使《大公报》能占据华东、华北、华西、华南四大据点，成为中国报界的霸主。但是抗战后形势的发展打乱了他的计划，蒋介石政权很快便呈瓦解之势，胡不得已取消了广州版的计划。但是强烈的事业心依旧鼓动着他理想的风帆，反复权衡之后，他的视线再次投向了香港。1948年1月25日，胡政之以千金一掷的决心和气魄率领费彝民、李侠文等人赴港，着手《大公报》港版的复刊工作。为了尽快复刊，胡政之带领同人们埋头苦干，不知疲倦。为解燃眉之急，取得足够外汇，胡政之不得已接受维大洋行老板王宽诚拿两万美金入股。

胡政之租用利源东街一家小印刷所的二楼，经理部和编辑部在一起办公，场地狭小，因摆不下更多的办公桌，大家就数人共用一张，轮流

胡政之（前排右一）与香港《大公报》记者编辑合影

使用。在艰难创业的过程中，胡政之与大家同吃同住同劳作，据李侠文回忆说，胡政之"住在宿舍顶楼的一个小房间里，起居饮食都没有人特别照顾，往来报馆与宿舍之间都是坐巴士。一次在巴士上遇见，人多找不到空位，他站在车上，一手抓住扶手，一手拿着一小包花生米，逐粒送入口中，肥胖的身躯在车行中摇晃，悠然自得"。有一次，胡政之在编辑会上说："我已经是60岁的人了，这次香港复刊，恐怕是我对事业的最后开创。"不幸的是，这竟成为一句谶言。

经过五次试版后，《大公报》香港版终于在1948年3月15日正式复刊了。那天，胡政之整夜没有合眼，一直等到拂晓开机。当他看到第一份报纸从印制机上印出时，激动地连声说："恭喜！恭喜！"在场同人看了，无不为之动容。然而，香港《大公报》收入不多，却开支浩繁，一度陷入财政困难。胡政之申请公价外汇，从美国购回两部卷筒机，向银行作贷款抵押，艰难维持着报纸的运作。其后，卷筒机运到广州，变卖用作还款。

正如胡政之自己所言,《大公报》香港版的复刊,是其对事业的最后冲刺。由于长期超负荷的工作,加之满怀悲观与焦虑,胡政之的健康状态每况愈下。1948 年 4 月 24 日夜,在《大公报》港版复刊一个多月后,胡在报馆伏案工作时忽然病倒,并日渐沉重。4 月 27 日,胡政之飞回上海治疗,却不见起色,终于次年 4 月 12 日溘然长逝,享年 61 岁。

费彝民于是成为香港《大公报》的第二代主持,开始了《大公报》新的历史时期。

天津版　1945 年 12 月 1 日,《大公报》天津版复刊。在天津版复刊号上,发表了由王芸生撰写的社评《重见北方父老》:"《大公报》是北方的报,《大公报》离不开北方,北方没有了《大公报》也必定备感寂寞。但是《大公报》竟然离开了北方,离开了八年多! 是谁叫《大公报》离开北方的? 乃是空前的外患,严重的国难。"

1949 年 1 月 14 日,解放军对天津发起总攻。当天中午全市戒严,交通断绝,炮声隆隆。国民党天津警备司令陈长捷拒绝放下武器,警备司令部连连中弹。张琴南、李光诒、于效谦、刘洪升等报馆同人坚持继续工作,报道了天津解放的消息,张琴南还撰写了一篇庆祝解放的社评。印厂工人们用手摇平印机印报,一张张掀过……印完时天已破晓,15 日的报纸出版了。清晨,市民涌上街头,而报童和报贩们却未出现。《大公报》职工拿着新印刷的报纸,在报社门前摆了一张张条案,充当临时报贩,当街叫卖起来。正在市民争购时,来了两位佩带军管会臂章的解放军,友善地劝告他们,在未获得军管会批准以前,应暂停发售。这一天的报纸(15 日),仅售出五千八百八十一份。

天津解放以后,津版《大公报》处于停顿状态。毛泽东指示中共天津市委:《大公报》对蒋介石一贯"小骂大帮忙",如不改组,不得继续出版。按照这个意见,周恩来指派《大公报》地下党员记者杨刚和孟秋江,要他们随军进驻天津《大公报》,将其改组为《进步日报》。在《进步日

解放军进入天津

报》创刊号上，杨刚写道：北洋军阀时代，《大公报》依附军阀官僚买办，蒋介石代替北洋军阀，它又很快投到蒋介石门下，是反动政权一日不可缺少的帮手。这无疑是全面否定了《大公报》的过去。

1949 年 2 月 21 日，张琴南、徐盈、王秉衡等代表"临管会"来到军管会文教部，递交了申请出版《进步日报》的请示："天津《大公报》同人一致决议停办天津《大公报》，联合愿为人民服务的新闻工作者共同创办《进步日报》。"2 月 26 日，天津军管会发出由主任黄克诚、副主任黄敬签署的给《进步日报》社的通知，准予登记出版。

2 月 27 日，王芸生和柳亚子、叶圣陶、马寅初、曹禺登上华中轮，从香港启程，北上进京，参加新政协。临行前，王芸生得知天津《大公报》改名为《进步日报》，懊丧至极，打算力争让上海《大公报》能像毛泽东许诺的那样保留原名。当他从周恩来那里得知不必改名时，曾精神抖擞，对动员自己留在内地的共产党记者李纯青说："周公告诉我，你随军南下，继续主持上海《大公报》；《大公报》还是民间报纸，你们自己经营，我们不作干预。"

杨刚带着王芸生，随军南下上海，并写好一篇清算《大公报》办报历史的社论，要王芸生发表。社论说，《大公报》过去与蒋政权发生过血肉因缘，今后却属于人民，要在毛泽东的旗帜下大踏步走向新民主主义。这便是著名的《大公报新生宣言》。

《大公报》在台湾　1947年冬天，报社派吕德润到台湾担任特派记者兼办事处主任。当时报社在台北设有分销处，是包给当地商人经营的。大陆方面认为那里的销量还有潜力可挖，于是想派人收回自管，但遭到当地承包商人的抵制，先派去的发行课两个人处境困难。吕德润因为曾经到台湾作过采访，在当地还有些朋友，便请人调解，由报社给承包户一定补偿，承包户将订户名单交出来，解除了分销关系。于是新的办事处和自办的分销处于1948年春天在从台湾肥料公司借来的一大间门面房里开张了。

不过随着大陆形式的变化，国民党要员纷纷逃往台湾，《大公报》对中共的日益亲近，使驻台《大公报》的记者不断受到威胁。1949年，吕德润离开台北到了香港，与此同时，台湾的办事处和分销点也被查封。

《大公报》在海外　《大公报》在国外有很多分销处，但规模都不大。如英国的《大公报》分销处，每天只能卖出几十份，但对研究或关心中国情况的学者、商人、华侨、留学生来说却很重要。《大公报》的办事处设在英国报业集中的舰队街《卫报》二楼上，在那里的一角，设有各版的阅览室。很多在剑桥、牛津的中国留学生，来伦敦办事的，大都到这里来看看报，了解祖国的情况。

《大公报》在海外虽然销量不大，但驻外记者在国外政界却有相当影响。1948年秋，当时国民党驻英大使郑天锡邀请《大公报》记者黎秀石到使馆共进晚餐，请的主客是英国海军大臣福拉

黎秀石

赛。其实是福拉赛主动要求会见黎秀石的。晚餐后,福拉赛邀请黎到官邸喝茶,刚坐下来,就开门见山地说:英国政府曾答应南京政府送中国两艘潜水艇,现在中国政局如此动荡,他作为海军大臣对此有点犹豫。福说:"南京近日一再催促我们送,今天郑大使设宴招待我也是为了这件事。我请你来喝茶是想听听你的意见,你说该送否?"福拉赛的问话使黎秀石非常惊讶,因为之前他对此事一无所知,更不会料到如此重大的问题福竟会咨询一个中国记者。其实这正反映了《大公报》在国外的影响,福一定认为黎的观点可以代表《大公报》,而《大公报》可以代表中国的知识分子和主流意识。

黎想了一会儿回答说:"我作为一个中国人认为不该送,因为蒋介石是用来打内战的,蒋不得人心了,如果送给他,对英国有害无益,中国人会骂英国人的。"后来,英国就真的没有将潜水艇送给南京国民党政府。

解放后的内地《大公报》

在新中国成立后的最初几年中,群众主要阅读《人民日报》等几份中共机关报刊,像《进步日报》这样的"民营"报纸不被读者重视,其发行量逐年下降,最少时只有一万八千份,形势日趋严峻。与此同时,上海《大公报》也出现了同样的问题,发行量下滑,经营出现隐忧。1952年夏,上海《大公报》总编辑王芸生给毛泽东写了一封信,希望中央帮助解决报社的暂时困难。不久,毛泽东在北京接见了王芸生,当面向他宣布中共中央的决定,即:"上海《大公报》与天津《进步日报》合并迁京,择地建新馆,报名仍叫《大公报》。作为中央直接管理的全国性政治类大报,分工报道财经政策和国际新闻。两报合并迁京,富余人员由津沪两地政府负责接收,安排适当的工作。"王芸生听罢愁云顿消,激动得说不出话。毛泽东见状便风趣地说:"大公王,恭喜你收复失地了!"意思是说,原津版《大公报》易名《进步日报》,现在又恢复了原名,王芸生便是收复失地了。

1952 年 12 月 29 日，《进步日报》刊登"启事"说："上海《大公报》与天津《进步日报》，为了加强力量，有效地在建设祖国、保卫和平的伟大事业中分担宣传报道任务，决定实行合并，于 1953 年元旦起在天津出版《大公报》。今后《大公报》的报道方针是：报道国家经济建设，宣传保卫世界和平。对国家财经工作，特别着重于贸易、商业、合作社和私营工商业等各个方面的报道及讨论；同时以较大篇幅，加强关于国际新闻的报道及讨论。为此敬告全国各地读者，并希多予指导与协助。"合并后的《大公报》，王芸生任社长，孟秋江、李纯青任副社长，张琴南任总编辑，李光诒、孔昭恺、赵恩源任副总编辑，孟秋江任党组书记。

1953 年元旦，因国家正在北京为报社筹建新馆，《大公报》在天津出版，自此创办了三年零十一个月的《进步日报》终刊。1956 年夏，《大公报》的新馆在北京宣武区永安路 18 号落成，10 月 1 日《大公报》正式在北京出版发行了。

《大公报》自抗战时期的一报六社，到现在只剩下北京和香港两社（中华人民共和国成立后，《大公报》重庆版、上海版先后停刊），兄弟之间也没了来往。但无论如何，北京新《大公报》有了财政资源。在大家的共同努力下，到 1956 年底，报纸发行量直线上升，从五万三千份猛增至二十八万份，不但不再向政府财政要钱，反而还上缴国家财政三十多万元税收，结束了亏损的局面。

毛泽东对"合并后迁京"的《大公报》寄予了很大期望，他有一次见到王芸生，还询问北京《大公报》的情况，并鼓励说："团结起来，钻进去，努力工作。""团结起来"，除希望两报合并后同事之间不要闹不团结，其实还有一层含义，就是希望新人老人、党内党外要真正合作共事；"钻进去"，是讲《大公报》从一份综合性的报纸变为具有相对专业化分工（报道国际和财经），不熟悉专业方面情况的编采人员要注意钻研业务，对国际问题的报道和财经政策的宣传,要"钻"进去,组织一些有深度的报道,真正把报纸办出特色;"努力工作",是鼓励大家要保持已有的成绩,努力工作,继续前进。

1951 年 6 月 13 日,王芸生(前排右一)在上海北火车站,
迎接赴朝鲜采访归来的战地记者刘北汜

有一次毛泽东会见外宾,结束之后与王芸生闲聊。王芸生向毛泽东请示报道内容专业化和读者兴趣如何结合,毛泽东说:"专业是一面,群众除了业务工作还有文化生活的一面……报上不能天天尽是打气。"王芸生听了,立即叫副刊部扩大版面,让读者有的看、喜欢看,通过副刊去教育和联系知识分子。《大公报》同人还是觉得不过瘾,一心想突破单调乏味的行业化限制,都被王芸生一一挡回。即便如此,《人民日报》仍然说,在反右斗争中,《大公报》对中央方针不满。幸亏毛泽东网开一面,说徐铸成的《文汇报》和储安平的《光明日报》两家民办报纸是"右派",那就把王芸生放了吧。

上海《大公报》和天津《进步日报》合并组建《大公报》后,上级领导关系曾发生过几次变化：1953 年至 1957 年归中宣部领导，1957 年至 1958 年归国务院五办领导，1958 年至 1960 年归中共中央财贸部领导，1960 年至 1966 年归国务院财办领导。

　　1966 年夏"文化大革命"爆发。6 月 11 日，陈伯达指示解放军总政治部派遣三人工作小组进驻《大公报》报社，参加报社的"文化大革命"工作。王芸生、曹谷冰、金诚夫、孔昭恺等党外人士马上靠边站。6 月 28 日，报社党组成员李光诒、胡邦定、姚仲文停职反省。他们被迫无休止地写检查、挨批斗，报社的正常工作秩序遭到破坏。

　　《大公报》承受不住四面八方的巨大压力，向中央紧急求救：广大读者和报社革命职工纷纷来信或贴大字报，要求把《大公报》改为《东风日报》或《前进日报》，怎么办？然而，中央没有回音。1966 年 9 月 14 日，北京《大公报》被永远关闭，再也没有恢复。于是，香港《大公报》一枝，成为这张百年老报硕果仅存的余脉。

附:

张季鸾生平年表

1888 年

3 月 20 日(阴历二月初八)生于山东省邹平县。

1901 年

年初,张父病死济南。张季鸾自宁阳前往济南奔丧。

冬,张母王氏偕张季鸾和两个妹妹扶柩回到榆林。

1902 年

年初,在榆林从名儒田善堂就读,得延榆绥道陈兆璜赏识,命与其子陈燮共读。始"知吾省有大师刘古愚先生,企仰甚"。

秋,入"烟霞草堂"读书。在关学大师刘古愚的亲自指点下,博览群书,学业精进,是"从古愚师诸同门中,年最少,学最勤,晚年所最得意弟子"。

冬,刘古愚前往兰州就任甘肃省大学堂总教习之职。特许张季鸾随侍,由于张三妹夭亡而未随刘入陇。

1903 年

入陕西三原宏道高等学堂读书。

1904 年

春,张母王氏病逝。

1905 年

8 月 20 日,同盟会在日本东京成立。

9 月,陕西当局选派官费赴日留学生,张以优异成绩入选,且年龄最小。随后在东京第一高等学校攻读政治学说和经济理论。

1906 年

秋,陕西留日学生在东京成立"同盟会陕西分会",张季鸾经井勿幕和赵世珏等人介绍,首批加入同盟会。

1907 年

8 月 26 日,在同盟会陕西分会的倡议下,陕西留日学生同乡会召集在东京的陕西、甘肃两省留学生共同创办《秦陇》杂志,由党积龄、郗朝俊、高又尼等主编,因故仅出一期后即停刊。

1908 年

2 月 26 日,陕西留日学生杨铭源、赵世珏等在东京创办《夏声》杂志,月刊,是同盟会陕西分会进行资产阶级革命活动的一个重要基地。张季鸾应邀主编,并以"少白"、"一苇"等笔名积极为该刊撰稿,几乎每期都有文章见刊。所发多数为有关教育方面的论文,如:《参观日本千代田小学校记并书后》、《忠告陕西小学教育家》、《日本教育发达史论》等,反映了他的"教育救国"思想。可看作是张从事新闻报刊事业生涯的开端。

是年,张短暂回国,与高芸轩结婚。在榆林停留期间,曾应邀在榆林中学讲学。

1910 年

10 月 11 日,于右任等在上海创办《民立报》。张季鸾在日本积极为《民立报》撰稿。

1911 年

10 月 10 日,武昌起义爆发,正式揭开了辛亥革命的序幕。

10 月中下旬,张季鸾学成回国,任上海《民立报》编辑。

是年,张与胡政之在上海康心孚家中首次相识。

1912 年

1 月 1 日,孙中山在南京宣布中华民国成立。

张季鸾经于右任推荐,担任中华民国南京临时政府秘书,亲自参与了《临时大总统就职宣言》等重要文件的起草工作。

张季鸾从南京发给上海《民立报》的关于中华民国临时政府的成立及孙中山就任临时大总统的专电,是中华民国成立后的第一条新闻专电,"中国报纸之自有新闻电,确以张季鸾先生一电为嚆矢",是张对于中国新闻报刊事业开拓性的贡献。

4 月 1 日,孙中山辞去临时大总统,张随即结束了极为短暂的政界生涯,回到上海,与于右任等筹办"上海民立图书公司"。

1913 年

年初,张季鸾与曹成甫北上,创办北京《民立报》,自任主笔,同时兼任于右任经营的上海《民立报》驻北京通信(记者)。

3 月 20 日,袁世凯制造的"刺杀宋教仁"案发生后,舆论哗然,张在北京《民立报》上"为宋案慷慨执言",痛斥袁世凯的反革命野蛮暴行。

4 月 26 日,袁为筹措反革命经费,未经国会同意,与英、法、德、日、俄五国银行团签订出卖中国主权以换取二千五百万英镑的《善后借款合同》。张通过采访得到这个"合同"全文后,立即在上海《民立报》上披露,成为"二次革命"导火线。

7 月初,北京《民立报》因反袁被查封,张季鸾和曹成甫因披露袁世凯"善后大借款"内幕被捕坐牢三个月。后曹死于狱中。

10 月 11 日,张经好友多方周旋营救,恢复自由,南归上海。后著有

《铁窗百日记》,载于《雅言月刊》,以志其事。

是年,胡政之任上海《大共和日报》总编辑,张应邀担任该报国际版主编,经常译载一些日本报刊的时论文章。

1914 年

张季鸾与胡政之同于上海吴淞中国公学任教,张季鸾讲授日语和外交史。

1915 年

创办上海《民信日报》并担任总编辑。该报几乎每天刊布抨击袁世凯复辟帝制罪行的文章,坚持反袁、讨袁的政治立场。

1916 年

9 月 1 日,北京版《中华新报》创刊,政学会重要人物张耀曾任社长,张季鸾任总编辑,该报是政学会在旧国会复会后设在北京的一个言论阵地。

是时,张还兼任上海《新闻报》驻北京记者,撰写"北京特约通信"。

9 月,英敛之将《大公报》盘售于安福系财阀王郅隆经营。王聘胡政之任经理兼总编辑。

1918 年

9 月 24 日,因揭露安福系将胶济铁路抵押给日本的密约事件,《中华新报》被封,张第二次入狱,经多方营救获释。

12 月 3 日,胡政之代表《大公报》赴法,是采访巴黎和会消息的唯一中国记者。

1919 年

回沪任上海《中华新报》总编辑。

1921 年

9 月 1 日,胡政之加盟"国闻通讯社"。张季鸾时任主编的《中华新报》与"国闻通讯社"馆址相邻,又居家同里,如是者约四五年,彼此朝夕相从,私交日厚。

1924 年

1月21日,列宁逝世。张季鸾在上海《中华新报》上发表《列宁逝世》一文,高度赞扬列宁一生的伟大功绩,称列宁是"千古之一人"、"伟大之人"。

冬,上海《中华新报》因经营不善停刊。张遂失业,前往北京任陇海铁路会办。

是年,吴鼎昌、张季鸾和胡政之三人在上海商议发起新闻事业,拟并日报、周报、通讯社而一之。未几,因张季鸾北上,此议遂中辍。

1925 年

冬,"国闻通讯社"因营业不支,胡政之拟停办,吴鼎昌深表惋惜,并商于张季鸾,于是重提旧议,拟先扩充《国闻周报》,张季鸾应允赞助,但实际未能参与。"国闻通讯社"由于吴鼎昌的支持转危为安。

1926 年

春,张季鸾再度失业,滞留天津。吴鼎昌和胡政之劝其回沪主办《国闻周报》。但张"病其为周刊,不足满劳动之欲,以为必兼办日报,庶几可以回旋也",终未能成行。

夏,吴鼎昌、胡政之、张季鸾于天津共同决定接办《大公报》,以新记公司名义经营。张任总编辑兼副经理。

9月1日,《大公报》正式复刊。张用"记者"笔名在第一版发表《本社同人之志趣》社评,提出了"不党、不卖、不私、不盲"的办报方针,后成为《大公报》"社训"。

9月2日,张用"榆民"笔名,在《大公报》发表《嘉使团中立》论评,对北京公使团电令驻汉口各国领事在北伐战争中严守中立,予以赞扬。

9月8日,《大公报》"论评"栏目改名为"社评",仍署名。

9月28日,张用"记者"笔名,在《大公报》发表《论保护学生》社评,反对政府迫害杀戮青年学生。

10月2日，张用"记者"笔名，在《大公报》发表《陕乱感言》社评，强烈谴责陕西地方军横征暴敛、烧杀抢掠、无恶不作的反动暴行。

10月26日，张用"记者"笔名，在《大公报》发表《软弱无能之政府》社评，猛烈抨击当局政府不能立即宣布废除期满的中比商约，呼吁民众共同努力，废除不平等条约。

11月7日，《大公报》"社评"栏目从此不再有署名。张季鸾使不署名制成为定制。这样，于立言便利，且代表全社，也寓以个人不求名之意。

12月4日，张在《大公报》发表《跌霸》社评，骂被北伐军挤垮而下台的吴佩孚"独霸一时，为迷信武力统一之一人"，最后又说"综论吴氏之为人，一言以蔽之，曰有气力而无知识，今则并力无之，但有气耳"。

1927年

11月4日，张季鸾在《大公报》发表《呜呼领袖欲之罪恶》社评，骂汪精卫"特以'好为人上'之故，可以举国家利益、地方治安、人民生命财产，以殉其变化无常目标不定之领袖欲，则直罪恶而已"。

12月2日，就前一日蒋介石与宋美龄在上海结婚之事张在《大公报》发表《蒋介石之人生观》社评，骂蒋宋婚事。文章指出："离妻再娶，弃妾新婚，皆社会中所偶见，独蒋介石事，诟者最多，以其地位故也。""吾人至此，为国民道德计，诚不能不加以相当之批评，俾天下青年知蒋氏人生观之谬误。"文章末又指责蒋介石"甚矣，不学无术之为害，吾人所为蒋氏惜也"。

1928年

6月26日，张季鸾至河南百泉访晤冯玉祥。

6月28日，张在《大公报》发表《百泉访冯记》一文，替冯军饷无着鸣不平。

6月29日,张在《大公报》发表《新乡之行》旅行通信,记述沿途风物和冯军情况。

7月1日,蒋介石北上专车到达郑州,冯玉祥到郑州迎接,张季鸾随冯同往,由冯玉祥等介绍,张与蒋相识,是为张蒋相识之始。后冯未与蒋同行,张则随蒋的专车一同到北京。

8月1日,张搭冯玉祥的专车与冯同到南京,在宁采访约一月。

8月27日至9月3日,张用"榆民"笔名,在《大公报》连续发表六篇《新都观政记》和三篇《京沪杂记》。张同蒋介石以次的国民党人物作了深入的接触。

1929年

4月24日,张季鸾在《京报特刊》上发表《追悼飘萍先生》一文,高度赞扬邵飘萍的业绩,沉痛悼念邵飘萍。

夏,张邀请原《商报》总编辑王芸生入《大公报》编辑部工作。

1930年

夏,陕西发生严重旱灾,哀鸿遍野。张季鸾在天津发起赈灾募款活动,并在《大公报》刊载不少灾区饿殍载道的照片和报道。

10月,张派《大公报》记者赴河北农村作大规模的实地调查,并连续发表记者报道,引起社会对农民问题的普遍关注。

11月2日,张为配合《大公报》记者在农村实地调查的报道,发表《中国文明在哪里》社评,大力揭露社会黑暗面,触及国民党现行政策。

11月14日,张在《大公报》发表《论造成廉洁有能之政府》社评。

1931年

5月22日,《大公报》发行一万号。张季鸾在《大公报》发表《大公报一万号纪念辞》社评,重申《大公报》仍坚持"四不"的办报方针。

6月2日,张在《大公报》发表《望人人牢记约法第八条》社评,对国民党肆意践踏法律,任意捕人杀人的恐怖行径,进行严厉抨击。

6月4日,张在《大公报》发表《读日俄工业参观记感言》社评,详论曹谷冰所写《苏俄观察记》及塘沽技师团镜剑生所写《赴日参观记》内容。

9月20日,张在《大公报》发表《日军占领沈阳长春营口等处》社评,谴责日本帝国主义的侵略罪行,呼吁"我国国民当此时机,务须共助政府,镇静应付,哀悼死难同胞,警惕未来变局,举国一致,以当大难"。

9月21日,张季鸾、胡政之召开全体编辑会议,讨论今后的编辑方针、计划。张季鸾在这个会议上宣布,今后的编辑方针是"明耻教战"。张指定汪松年主持此事,派王芸生协助汪工作。

9月,张因念国家之可危,提议在《大公报》上开辟一个专栏,每日刊载一段中日关系的史料,以为警醒国人之助。因汪松年年老、才力不及,推荐王芸生担任主编。王芸生开始动笔编著《六十年来中国与日本》。

10月6日,张在《大公报》发表《望军政各方大觉悟》社评,斥责国民党当局祸国殃民。

11月20日,张在《大公报》发表《马占山之教忠》社评,高度赞扬在黑龙江奋起抗击日本侵略军的马占山将军及其所部将士,称赞他们的爱国精神。

12月10日,张在《大公报》发表《救东三省辟伪独立》社评,号召全国国民树立坚定的决心,"必拯救我三千万同胞恢复自由"!"不达此目的不止"!并强烈反对日本帝国主义扶植的傀儡溥仪等搞伪独立。

1932年

2月20日,张在《大公报》发表《兴亡歧路生死关头》社评,主张积极抗日,指出:"中国一旦被迫自卫,则无论如何,必须抵拒至最后之日,非将中国自日本侵略征服主义完全解放,对日无平和之可求。此非主张也,事实如是也。"

4月,王芸生编著的《六十年来中国与日本》第一卷出版,张为该书作序,鼓励民众的爱国情绪,唤起一部分国民的警觉。

6月26日,张在《大公报》发表《自卫之策》社评。

1933年

1月11日,张在《大公报》发表《中国岂堪被人零割》社评,强烈反对日本帝国主义任意宰割中国领土。

1月21日,张在《大公报》发表《送段芝泉先生南行》社评,对段祺瑞不愿受日本帝国主义摆布,保持晚节,南下上海的行动,予以肯定。

1934年

1月7日,胡适在《大公报》发表《报纸文字应该完全用白话》的文章,这是《大公报》组织的第一篇"星期论文"。之后,《大公报》"社评"逐渐改用白话。

春,张季鸾在天津患肺疾。

夏,张与陈孝侠结婚。

10月10日,张携家眷专程自天津回到阔别二十六年之久的故乡榆林。

10月12日,为纪念其父楚林公冥诞一百年,张季鸾在榆林谒墓、立碑。在榆林停留的一个半月间,张访寻亲友,并拜见业师田善堂先生。亲临榆林中学、育林职业学校等进行演讲,与青年学生举行多次座谈。临行前,张与商学界友人筹募五千余元作为奖学基金,以补助贫寒优秀子弟升学。

12月初,张季鸾在榆林得陕西省政府主席邵力子邀请,赴省谈话。

12月23日至25日,张用"榆民"笔名,在《大公报》连载《归乡杂感》一文,揭露陕北农村社会的黑暗。

12月25日,张在《大公报》附属刊物《国闻周报》发表《归乡记》一文,系统阐述了张的人生观及报恩主义思想。

1935 年

1 月 25 日，张在《大公报》发表《关于言论自由》社评。

春，随着日本帝国主义对华北地区侵略的步步深入，张主张将《大公报》南迁。在这一问题上与胡政之发生分歧。未几，张入蜀与康心之商约，由康出资，拟在重庆共同创办《国民公报》。而此时，胡政之接受张创办上海版《大公报》的意见，《国民公报》创办一事遂停辍。

12 月 3 日，张在《大公报》发表《勿自促国家之分裂》社评。

1936 年

1 月 1 日，作为平津新闻学会的筹备委员之一，起草"平津新闻学会宣言"，主张新闻界要求法律上的正当自由。张季鸾当选为理事。

4 月 1 日，上海版《大公报》正式出版。津、沪两地的《大公报》同时发行。

7 月 6 日，张季鸾出席在北平欧美同学会举行的平津新闻学会第二次会员大会。

9 月 1 日，张在天津版、上海版《大公报》同时发表《本报复刊十年纪念之辞》社评。

9 月 11 日，因沪版《大公报》"文艺"副刊于 8 月 16 日登载陈白尘喜剧《演不出的戏》，张被控有煽惑他人抗拒合法命令之嫌，定以妨害秩序罪。张昂然出庭受审，在答辩中指出所谓抵触"敦睦邦交"，纯属牵强附会。辩论无果而终。

9 月 18 日，上海公共租界第一特区地方法院宣判张无罪。

11 月 26 日，张在津、沪版《大公报》发表《绥北大捷之意义》社评，赞扬傅作义部收复百灵庙。

12 月 14 日，张在津、沪版《大公报》发表《西安事变之善后》社评，向南京政府当局提出和平解决"西安事变"的建议。

12 月 16 日，张在津、沪版《大公报》发表《再论西安事变》社评。

12月18日,张在津、沪版《大公报》发表《给西安军界的公开信》,认为张、杨发动"西安事变"是错误的,要求立即释放蒋介石,极力主张和平解决西安事变。南京政府立即翻印数万份,用飞机运到西安空投散发。

12月26日,张在津、沪版《大公报》发表《国民良知的大胜利》社评,欢呼"西安事变"的和平解决。

1937年

1月5日,张季鸾自上海至北平。胡适邀请张到家中与梅贻琦等学者面谈。

1月17日,平津新闻学会在北平举行第三次委员大会,张等七人当选为理事。

2月15日,范长江在津、沪版《大公报》发表《动荡中之西北大局》通讯,报道了共产党的抗日民族统一战线的方针、政策,透露中共四项保证,使读者了解国家大局的重大发展。这个报道与蒋介石在三中全会上的报告大相径庭。蒋介石大怒,申斥正在南京的张季鸾。而张仍坚持在《大公报》连续发表范长江通讯。

3月20日,张五十寿辰,百余人前往祝贺。蒋介石特电致贺。

7月2日,张嗣子张士基出生于上海。

7月7日,日本帝国主义发动卢沟桥事变。时张正在庐山预备参加由蒋召集的第一期庐山谈话会。随着局势的日益严重,张不待谈话会开幕即先期下山返沪。

7月29日,张在沪版《大公报》发表《艰苦牺牲的起点》社评,鼓舞中国人民坚持抗战到底。

7月31日,在张等人的营救下,沈钧儒等被捕七人被保释出狱。

8月17日,由于上海形势危急,张率孔昭恺等数人冒险离开上海,前往武汉创办《大公报》汉口版。沪版《大公报》社评由王芸生负责。

9月18日,汉口版《大公报》创刊,由张主持。张发表《本报在汉出版的声明》社评,表示:"我们要尽可能搜集战地确讯,并加以正当的批评观察。要尽可能集中全国各界权威的救国高见。同时我们自己要对于外交政治经济等不断地贡献意见,以求裨益于全国持久抗战的前途。"又发表《九一八纪念日论抗战前途》社评,指出:"中国这样大规模的抗战,当然有苦痛,战事延长的苦痛自多。但是不要怕!"并断言:"中国能持久必能胜利。能全国动员,则必能为最大限度之持久。"

9月25日,张在汉口版《大公报》发表《晋北大胜》社评,赞扬八路军在平型关战役中所取得的重大胜利,说"这种胜利,似在意外,实在意中"。

12月2日,日本帝国主义侵略者通过德国驻华大使陶德曼,向国民党政府提出"议和"条件,诱迫蒋介石订立南京城下之盟。

12月8日,张季鸾在汉口版《大公报》发表《最低调的和战论》社评,指出:只要大家"不分党派,同心奋斗","中国就永不亡,民族精神也永不至衰落"。

12月15日,张在汉口版《大公报》发表《打倒北平伪组织》社评。

12月28日,张在汉口版《大公报》发表《为匹夫匹妇复仇》社评,强烈谴责日本侵略军在华烧杀抢掠等残暴罪行,号召全国同胞务须联合全世界主张正义人道者努力杀敌,为死难同胞申冤雪耻。

1938年

3月21日,张在汉口版《大公报》发表《临沂之战》社评,赞扬张自忠部、庞炳勋部在临沂战役中击败日军坂垣师团所取得的重大胜利,并预见性地指出中国有能力取得抗战胜利。

3月30日,中国青年新闻记者学会武汉分会在武汉正式成立,张季鸾应邀出席大会,并被推选为名誉理事之一。"青记"创办《新闻记者》月刊,创刊号刊载张撰写的《对青年同业的赠言》一文。

4月8日,张在汉口版《大公报》发表《台儿庄胜利以后》社评,鼓励将士。

4月11日，张在汉口版《大公报》发表《论保护战俘》社评，严格地将日本人民与日本军阀区分开来，反复强调中国抗战是为正义而战。

5月12日，《大公报》为扩大救护各战场负伤将士捐款运动起见，特倡办"大公剧团"，张等六十余人莅会并在会上阐发所以发起救济伤员募款公演之缘由及倡办"大公剧团"之意义。

5月，宇垣一成担任日本外相，派《朝日新闻》主笔绪方竹虎及该报编辑局顾问神尾茂负责与中国方面联系，中国方面派张季鸾、胡政之为代表进行接洽。这一联络路线被称为"张季鸾路线"。

6月17日，张被选为第一届国民参政会参议员。在国民参政会召开前夕接受中共《新华日报》记者采访并发表谈话。

7月6日，国民参政会第一届第一次大会在汉口开幕，张出席大会。

7月7日，国民参政会第一届第一次大会讨论通过关于成立宣言起草委员会的提议，推举张等九人为宣言起草委员会委员，张为召集人。

同日，蒋介石发表张起草的《抗战周年纪念日告全国军民》之文告。张在其中提出了"国家至上、民族至上、军事第一、胜利第一"四个口号。

7月7日至11日，武汉三镇为抗战举行献金运动。张将亲友在儿子张士基过生日时馈赠的金银首饰等悉数捐出。

7月15日，国民参政会第一届第一次大会选举了休会期间驻会委员会委员，张等二十五人被推选为委员。

8月8日，张在汉口版《大公报》发表《揭穿后壁的苏日关系观》社评。

8月9日，从即日起至8月23日，张季鸾与日本神尾茂在香港进行了几次秘密谈判。

10月11日，适为张癸丑年（1913）在北京出狱二十五周年纪念日，时张与于右任同在汉口，置酒为祝。

10月17日，日军逼近武汉，张在汉口版《大公报》发表《本报移渝出版》社评。

10 月中下旬,张出席在重庆召开的国民参政会第一届第二次大会。

12 月 1 日,《大公报》重庆版创刊,由张主持。

12 月 12 日,张在重庆版《大公报》发表《灭亡的"平和"与奴隶的"平和"》社评。

1939 年

2 月 12 日,国民参政会第一届第三次大会在重庆召开,张季鸾出席大会。

2 月 20 日,蒋介石在国民参政会第一届第三次大会上代表政府作《国民精神总动员纲领》报告。此纲领由张起草。

5 月 6 日,张季鸾代表蒋介石与日方小川平吉在香港就"排共"问题谈判,张的回答为:"迄今为止,共产党一直在和蒋介石抗战,要蒋立即讨共实难做到。"谈判中断。

夏,张肺疾加重,遂移重庆康心之的别墅静养。

9 月 9 日,国民参政会第一届第四次大会在重庆召开,张出席大会。

1940 年

4 月 1 日,国民参政会第一届第五次大会在重庆召开,张出席大会。

4 月 2 日,参政员一百余人提出"声讨汪逆兆铭南京伪组织"的临时动议,推张等会同起草人做文字修正。

5 月 9 日,适于右任六十二岁生日,与张等同游重庆北温泉。

5 月 15 日,在张等的推荐之下,邵力子被任命为驻苏大使。是日,张在重庆参加各界热烈欢送邵赴苏莅任大会。

5 月 16 日,张在重庆版《大公报》发表《送邵大使赴苏》社评。

7 月 2 日,张季鸾从香港给蒋介石发电,告知日本人和知鹰二表示日本已有撤兵停战决心。

8 月下旬,张季鸾与张群、陈布雷等根据蒋介石授意,起草《中国恢复和平基本办法》、《处理敌我关系之基本纲领》、《中日和平协定》、《中日恢复和平协定要点说明》等多个重要文件,作为中日秘密谈判的根据。

8月23日,蒋介石嘱张季鸾在与日交涉时,"应持坚决态度,不可稍有迁就"。

8月27日,张季鸾再与蒋介石讨论文件细节,蒋详细说明和战方针及其政策依据,为张鼓气,要求他在交涉时务必坚持所议之原则,不可稍有迁就。

8月29日,蒋再见张季鸾,面嘱各要点。

8月31日,张季鸾作为蒋介石秘使到香港。

9月2日,张季鸾于即日及次日,向蒋密电宋子良与日本人私下秘密接触之事。

9月20日,张季鸾接陈布雷电报,被告知蒋介石之命令:"不可在港久候,以免自招其侮,且今后断不可再与和知等人来往,因其纯为欺骗也。"

9月22日,张季鸾回渝后,面见蒋介石,与日本人的密谈中止。

12月2日,张在香港版《大公报》发表《抗战新阶段之开始》社评,深刻揭露日本政府和汪精卫共同签订的一系列"伪约"的反动本质和罪恶阴谋。

12月23日,张再任第二届国民参政会参政员。

1941年

1月2日,为派赴筹办《大公报》桂林版的蒋荫恩、李侠文等四十余人举行送别宴。

3月1日,国民参政会第二届第一次大会在重庆召开,张出席大会。

3月7日,国民参政会第二届第一次大会讨论通过了主席团提出的关于设置宣言起草委员会及其人选的议案。加推张等为委员。

3月11日,张等一百余人参加在重庆举行的公祭朱子桥将军大会。

3月13日,张在重庆版《大公报》发表《怀朱勤惠先生》一文。

3月15日,张用"老兵"笔名,在桂林版《大公报》发表《重庆通讯》,报道国民参政会第二届第一次大会开幕情况。

3月16日,中国新闻学会在重庆正式成立。张任大会主席团成员,并负责起草大会宣言。

同日,中国新闻学会召开首次会员大会,张当选为监事。

3月17日,张出席中国新闻学会召开的第一次理、监事会议。

同日,张在重庆版《大公报》发表《中国新闻学会宣言》。

5月15日,美国密苏里大学新闻学院将1940年度全世界最优秀报纸荣誉奖章赠与《大公报》,并在美举行颁奖典礼。

同日,重庆举行盛大的庆祝会。张代表《大公报》社同人发表演说并郑重致谢。张和胡政之还代表《大公报》社对美国广播致辞,题为《自由与正义胜利万岁》。

张在重庆版《大公报》发表《本社同仁的声明》社评,阐述中国报人自有特色,即"中国报原则上是文人论政的机关,不是实业的机关"。

5月23日,张在重庆版《大公报》发表《读周恩来先生的信》社评,用"国家中心论"抗拒周恩来批评《大公报》袒护国民党。

7月7日,张在重庆版《大公报》发表《抗战四周年纪念辞》社评。这是张一生中撰写的最后一篇社评,对中国人民反法西斯战争的最后胜利寄予无限的希望。

8月18日,王芸生探望病中的张季鸾,时值日寇飞机对重庆昼夜狂轰滥炸,张授意王撰写《我们在割稻子》社评。翌日,发表于重庆版《大公报》。

8月31日,张因肺疾加剧,入重庆中央医院治疗。

9月5日,蒋介石前往中央医院探视。

9月6日凌晨四时,张季鸾在重庆逝世,享年五十四岁。留有口授遗嘱。

9月7日,于右任在重庆版《大公报》发表《悼张季鸾先生》。

9月8日,重庆版《大公报》发表《敬悼季鸾先生》社评,高度赞扬张的一生。

9月15日,《大公报》全体同人在重庆公祭张季鸾,胡政之主祭致悼辞,王芸生宣读祭文。

9月17日,于右任等发起筹集"季鸾新闻学奖学基金",以为纪念。

9月26日,中国新闻学会和重庆各报联合委员会在重庆嘉陵宾馆举行公祭张季鸾大会。蒋介石等亲往吊唁。

同日,国民政府发褒扬电。

1942年

张季鸾逝世后,全国新闻界首倡公葬于重庆,后张家属及陕西省各界以归葬故乡为请,遂共议改于西安公葬,并组成全国新闻界、陕西省各界公葬张季鸾先生筹备委员会,推于右任为主任委员。

4月16日,张季鸾灵柩离渝归陕。

4月29日,张季鸾灵柩抵达西安。

9月5日,全国新闻界、陕西省各界公葬张季鸾先生筹备委员会在西安兴善寺举行公祭张季鸾大会。蒋介石也亲临致祭。

9月6日,全国新闻界、陕西省各界公葬张季鸾先生筹备委员会在西安南郊竹林寺举行公葬张季鸾典礼。

1944年

所写部分评论被辑为《季鸾文存》在重庆出版。于右任题写书名,胡政之作序。

注:中国人民大学新闻学院研究生孟鹏为整理年表收集了大量资料,特此感谢!